原來這就是B型人格

那些自戀、善變、邊緣、反社會的人在想什麼？

杳語心靈診所院長——陳俊欽 著

推薦序

當生命被寂寞占據，理解就是你最堅實的武器

海苔熊

你最近一次感到寂寞是什麼時候？

我常聽見的回答，是「失去某個重要他人」的時候。例如，在我們的生命中，有些人的存在就像一張椅子。平時沒有特別感覺到他的重要性，但是當他突然離去，霎時間你會如同失根的樹，覺得整個世界都在遠離你——這是一般人面臨失去至親、摯友，或是失戀時常會有的感受。

總是感到寂寞的人

但如果你是極度缺乏安全感的人，你可能隨時都在「面臨」以上這種感受。以感情來說，一旦他沒接電話、忘記帶禮物給你、跟別人拍照的時候太靠近，甚至他可能只是偶然聽見了一首會引起你不安的歌，你就會扎扎實實地感覺到「這張椅子消失了」——儘管你理智

上明明知道，椅子不會憑空消失。

然後你就會跟自己說：我果然是注定要孤獨一生的、我果然是沒有人要的、人與人之間果然是不可信賴的。

跟你相處的人很辛苦，因為你的不安就像黑洞，會粉碎掉他們的努力，讓他們覺得很無力，因為不管你做些什麼，都有可能會瞬間幻滅、徒勞無功。可是最辛苦的其實是你自己，因為你是世界上要和自己相處最久的人，別人無法理解，你的每一分每一刻，都在和強烈的情緒波動拔河，他們只會丟下一句：「你幹嘛想這麼多？」於是，這更加強化了你覺得自己是孤獨的、是被世界遺棄的、是被宇宙遺忘的。

俊欽認為，上述就是B型人格當中的「邊緣性人格傾向」者，每天活在全好全壞的交界，上一秒是白天，下一秒就是黑夜，把自己和別人都弄得痛苦不堪。其實，B型人格當中的其他子人格（自戀、戲劇、反社會），同樣也有這種「空虛」的本質，只是每個人以不同的形式，展現在他們的生活當中。他們是這世界上獨特又有才華的一群，但也因此和世界格格不入。

為什麼你需要這本書

就我所知，過往雖然有一些書籍在討論反社會和邊緣性人格，可是對於戲劇和自戀型人格的討論相對較少；而且就算有談及B型人格的專書，大多也都在討論「你身邊有這種朋友或伴侶親人該怎麼辦」，而較少聚焦在「如果你懷疑自己就是，該怎麼辦」。

這本書截然不同。一如既往，俊欽犀利的筆鋒、獨到的見解，不僅讓它讀起來暢快淋漓，也提供了許多「真正實用」的方式。如果你懷疑自己、朋友、伴侶或親戚有下面的特徵，那麼強烈推薦你閱讀這本書：

一、失控的情緒：情緒起伏比一般人還要大。

二、眼裡全是自己：表面上可能在意或不在意別人的看法，但真正最在意的終究是自己。

三、一切隨時會幻滅：覺得自己的形狀與人際關係，是不可預測、無法掌握的。

四、真實與虛幻只在一線之隔：儘管只是腦袋裡面的想像，也會巨幅震盪現實生活。

五、行動就是救贖：為了因應前面四種情緒與焦慮，會做出誇大、表演、自私，或自我傷害的事，來暫時弭平自己的不安。

六、孤獨的身影：不論上述因應的策略是什麼，背後都有一個很大的洞，叫做孤獨。

除此之外，我也推薦給一樣初入助人專業的朋友閱讀，儘管我過去也讀了一些相關的書籍，但翻開每一頁，仍覺得驚呼連連！俊欽妥切的比喻、生動的描繪，或許能讓你用不同的觀點，看待眼前這個被貼上「憂鬱症」或「焦慮症」標籤的個案。

當你的生命被寂寞占據

最後我想說，寂寞與孤獨其實是每個人生命必經的旅程，從這些情緒感受當中，我們會漸漸釐清自己真正的重視和需求；但如果親朋好友伴侶的人生預設值就是寂寞孤獨與不安，很可能讓他們只會在這些情緒和混沌當中打滾，然後更不清楚自己要的是什麼，連帶的，也讓你不知道你要的是什麼。

該怎麼辦呢？面對人格特質的頑強與全面，有時候我們真正要做的並不是「改變」，而是學會「看見」。當我們練習看見每一種人格，在他倔強的生命裡，都有一些失去，也有一些獲得時；當我們一起去理解，這世界上並沒有誰是真正的病人，或者說，每一個人都攜帶著一小部分的病癥時，我們的焦點或許就能從「怎麼樣改變自己或改變別人」，扭轉到「怎麼樣和這個世界裡的其他人共處」。

這樣的一種溫柔，儘管不能戰勝寂寞，至少能夠讓彼此並肩而走，而不是相互折磨。

（本文作者為心理學作家）

推薦序

其實這些異常，比你想得還要日常

蘇益賢

人格心理學是一門探究「人性」也研究「人心」的科學，當它進入臨床場域後，研究焦點更是橫跨「正常—異常」光譜的兩端。不過，無論焦點放在光譜何處，人格相關的研究、乃至實務經驗的累積，其實都是曠日費時的大工程。這使得陳俊欽醫師所著的《原來這就是B型人格》一書，格外具有參考價值。

本書以目前盛行率相對較高的B型人格特質與違常為主軸，清楚精確地對這四類人格做了深入淺出的介紹。

閱讀本書，特別是模擬案例的部分，我能感覺人物形象非常立體地浮現在腦海中。人格特質彷彿看不見的劇本一樣，默默影響著這些人的生活。只是，這些故事其實並不獵奇或者陌生，偶爾就在我們的生活周遭，甚至是自己身上上演著。只是有人多一些，有人少一些罷了。

透過作者到位的描述，我們找到了一個位置，能清楚地觀看「人格是如何與思考、人際、情感及生活糾結在一起」，更進而能同理這些主角們的處境。於後，作者也分享了後續應對的工具與方法，讓讀者在知道之後，還能找到行動的方向。

不管我們是否在書中看見自己，又或者是親友的影子，都十分推薦大家花點時間閱讀本書。畢竟，對各種人格特質若能有多一點認識，手上就多了一種理解人性的工具。而這種新的認識，往往能對我們的家庭、工作與生活，帶來一些新的可能與轉變。

（本文作者為臨床心理師）

推薦序

你正在看的，不是打怪指南，而是生存之道

劉仲彬

這間咖啡店除了你，只有三桌客人。

第一桌的大齡熟女不斷和咖啡拉花自拍，第二桌的女大學生正在偷瞄櫃檯的小鮮肉店員，第三桌的阿北在廁所蹲了十分鐘，到現在還沒出來。

當你翻開手上的書時，第四組客人進門。

油頭男穿著高檔西裝，點了一杯高單價的手沖衣索比亞，然後開始對店裡的音樂和裝潢指手畫腳，一副老闆的派頭，還不時糾正小鮮肉的握壺姿勢。

熟女看不過去，起身走向櫃檯，亮出剛出爐的自拍美肌照，極力吹捧小鮮肉的拉花技術，看似送暖，心裡圖的卻是對方的稱讚。女大生伺機跟上，碰地一聲將咖啡杯擺上櫃檯，轉身推門走人，杯身上留下了她的私人電話，以及講熟女的壞話，讓兩人一陣錯愕。這時，阿北又跑來參一咖，他拿著變質的咖啡，打算找店長索賠，實情是他在裡頭加了洗手乳，想趁機敲一筆，而油頭男還在糾結壁紙的顏色。

於是小鮮肉崩潰了。

但你很慶幸自己看了這本書，因而判斷這四組客人可能分別是戲劇型、邊緣型、反社會型以及自戀型人格，他們同屬精神診斷準則裡的B型人格，按一般說法，就是「怪咖」。

然而怪咖也是人，也有自己的人生，只是性格比較銳利，因此書裡談的不是打怪指南，而是他們的生存之道。作者陳俊欽醫師專擅人格違常治療，本書從案例入手，細膩描述B型人格的養成軌跡，深度剖析心理動機，悉心統整治療技巧，一招一式都是寶貴的臨床經驗，療效雖因人而異，但至少沒有誰被放棄。

人的性格難以撼動，但「行動就是救贖」，一切都從調整行為模式開始。無論是當事人或關係人，透過本書，我們或能明白，B型人格需要的不是打量或指點，而是一個練習與世界應對的機會。

（本文作者為臨床心理師）

作者序

釋放鎖在黑暗裡的痛苦

B型人格者可謂集所有矛盾於一身：他們看似關心別人，其實在意的是別人眼中的自己；看似社交圈中翩翩飛舞的花蝴蝶，卻暗自為沒有朋友而孤獨難過；當災難來臨，眾人慌張失措時，他們可能挺身而出，用樂觀正向的言行帶領大家渡過難關；但等到危機解除，人們的臉上展開笑容，言語中再次有了自信時，他們反而膽怯畏縮起來，與先前判若兩人。多變、易變、說變就變，難以預測、情緒化，講起話來頭頭是道、態度浮誇、無法捉摸，實際上能做到的卻很少，行為前後不一致，是人們經常給B型人格的評語。在相處上，B型人格的人通常頗為親切，並不難接近，但交往久了就會發現：彼此之間彷彿有個無形的距離，怎麼樣也無法更接近，難以深交，正所謂相知滿天下，知己無一人，長期的孤獨感是B型人格的特點之一。

B型人格者的生命際遇差異極大，最廣義的B型人格者接近人口總數的二〇%，其中，平凡者居多，你身邊應該有人就是——也許就是你自己；只有少數的B型人格者特質會變得很強烈，甚至到達病態（人格違常）的地步，此時，他們的生命故事就會趨於大好與大壞的兩極，在政界、演藝、傳播、行銷、藝術、創業、證券投資、宗教、多層次傳銷、八大行業與黑道等等，都不難見到他們的身影，有人得意，有人落魄，擺盪在被眾人膜拜與唾棄之間，甚至在事業巔峰時走上絕路也不奇怪。

然而，對於B型人格如此色彩鮮明、影響深遠的人格特質，大眾對它的了解卻相對有限，即便是專業人士，也未必能正確辨認出來。在我多年執業的過程中，就常常聽到家屬如此泣訴——

我真不知道她得的是什麼病？我只知道她每天回家見人就罵，多問幾句也罵，再問下去就說她要去死。我們也不敢多說什麼，因為醫生就說她有憂鬱症，她也在吃藥，吃七、八年了，沒什麼起色，每天上網上通宵，日夜顛倒，三更半夜還肆無忌憚地跟網友聊得好大聲；三天兩頭跟人家鬧翻了，生起氣來就割自己的手，割得我好心疼，她卻說她一點都不痛，就是故意要割給我看。我最近越來越覺得活得很沒意思，但死了又很不甘心——醫生，我女兒的憂鬱症有可能會好嗎？

每當聽著心力交瘁的家屬講出這種話，我總是百感交集：因為從轉述的資訊來研判，個案的問題可能是「B型人格違常」——那是一種B型人格衍生的疾病（人格也是會生病的），跟憂鬱症不一樣。然而，在國人對「B型人格」一無所悉的今天，「B型人格」相關問題普遍被視而不見，結果就是：不管是輕微的「B型人格傾向」者，還是嚴重的「B型人格違常」，即便自己內心強烈痛苦，或是家人極度困擾，沒人知道發生了什麼事，更不知道該向誰求助，大多數被當成憂鬱症患者來治療，吃了一堆不見得有必要吃的抗憂鬱劑，「人格問題」當然不會好，「病情」還是沒有改善，家屬也只好咬緊牙根、繼續容忍這位看起來不像病人的「病人」宣稱自己「有病」，把身旁關心他的親友折磨到重度憂鬱發作。

另外，為數更多、人格特質並未偏差到疾病程度的B型人格傾向者，他們在社會上占有更高的比例，儘管不至於釀出大亂子，然而，因為獨特的思維方式，使得他們在社會中往往不被了解，甚至被汙名化，認為他們是自私的、功利主義的、不足信任的、情緒化的。

儘管他們能建立人際關係，卻很難交到真正的知己；在主觀認知上，他們總是自覺對別人付出很多，別人卻不願意做出相等的回饋；長期以來，他們總是苦於孤獨與不被了解，獨自面對自己容易失控的情緒，不斷想透過行動來減低自己的焦慮，效果卻是很有限。

筆者協助這類型個案近二十年，對於B型人格者難以言喻的痛苦深深感同身受，很希望能透過筆墨，將這群人從不被了解的困境裡釋放出來，還給他們一個具體解決問題的管道。

然而，要將一個集所有矛盾於一身的人格特質給描繪出來，豈是易事？光是在人格特徵的勾勒上，就發生了極大的問題：如果沒有嚴謹的精神病理學知識做為基礎，光用通俗的語言來描繪，就會出現諸如「B型人格者通常非常自私，卻又非常樂於助人……」之類的矛盾敘述。

從上一本《黑羊效應》出版之後，這五年來，筆者一直構思著本書的撰寫方式，最後，決定採用全世界精神醫學界公認最權威的診斷法則DSM-V（美國精神醫學會發行的第五版診斷與統計手冊，臺灣健保也是遵循本系統），透過DSM-V第二軸診斷（Axis II）中的人格違常診斷分類對於B型人格的定義為學術根據，再以筆者的臨床經驗與通俗文字為之解釋，同時附上大量的實務經驗與個案現身說法，最後在今年完成了本書。

希望透過本書，能將輕微也好、嚴重也好的許許多多B型人格者，從「不被了解、孤獨寂寞沮喪難過，吃了再多藥卻又不會好，成天被身旁親友懷疑自己是不是在裝病」的痛苦深淵釋放出來，還給大家清白，並提供解決問題的具體方法：處理自身人格與主流社會的衝突（見本書後述）。如果真能做到如此，本書的目的就達到了。

此外，書中所有個案的現身說法，均謹守諮商倫理規則，雙重保密如下：

一、匿名。

二、多位個案故事混編重寫，去除可供辨識的人事地特徵性與線索性。

目錄

第2章——

B型人格的內心世界

目錄

第5章——看似「可教化」的常態犯罪者——反社會型人格

第6章——真實與虛幻之間的怨靈——邊緣型人格

目錄

第7章——

如果我就是B型人格者，該怎麼辦？

第8章——我該如何協助身邊的B型人格者？

第1章

關於人格

性格決定命運

一位女性來尋求協助。她的主要問題是感情。「我在經營感情上花了最多心血；然而，失敗得最徹底的地方也在感情。別人在意的學業、友誼、事業、成就等等，對我而言，從來就不是問題。別人看我，總羨慕我光鮮亮麗，一路走來平平順順，都說我是人生勝利組，但他們看不見的，是我那一次又一次傷透了心的失敗戀情……」

女子開始啜泣。不久，她馬上拭乾淚，收斂情緒。「剛剛不好意思。從上個禮拜開始，我就很愛哭。當我告訴他，我已經上吐下瀉一整天，便中還有血的時候，他竟然還繼續打電動，連看我一眼也沒有。我自己掛了急診，自己簽字；沒有病床，就自己拿著點滴袋站在走道上。人來人往，旁邊的病人都是全家總動員，噓寒問暖，只有我孤零零的一個。我不明白：我對他這麼好，他怎麼可以冷血到這種程度？」

「如果妳沒跟他在一起，他會怎樣？」我問。

「我保證他根本找不到對象！其貌不揚，要錢沒錢，人又不體貼，沒有女人會要他。但我就是不知道哪根筋不對，一直想去找他、為他做牛做馬，卻一句感謝的話也得不到。」

「妳買過股票嗎？」我正色問。

女子愣了一下，點點頭。

「如果妳買了一檔股票，過沒多久，從五十元漲到一千元，妳會怎麼做？」

「應該會趕緊賣掉吧？當然要趕快獲利了結，免得又跌下去。」

「如果反過來，買進的時候是一千元，結果天天跌停板，掉到五十元，妳會賣嗎？」

「我的心會很痛，但會撐著不賣；反正都賠那麼多了，再賠也是那些……」女子想了想。「你是說：我現在的男友就像下跌的股票，而我不願意認賠？」

「是的。妳不但不認賠，還加碼攤平：對他更好，付出更多，連他爸媽吵架也找妳當和事佬。因為妳已經賠了三年青春，再賠也是那樣。」

女子愣住了。

「妳知道妳的人生中，為什麼遇不到好男人嗎？因為妳就像股市裡的散戶，遇到行情看漲的好男人時，妳不但不敢追高，還一漲就趕緊脫手，因為妳承擔不起跌下來的痛。而沒人要的渣男，妳卻勇於承接；套牢之後，還不肯認賠。」

「你的意思是，並非我運氣不好，而是我選擇避開好男人，專挑沒人要的渣男？」女子驚訝極了。「為什麼我要這麼做？」

「這是妳人格特質的一部分。妳無法忍受『得而復失』的感覺，而每個好男人都會挑起妳的強烈恐懼：不知道何時會失去他。就像股票上漲，妳反而會想脫手，免得天天擔心大好行情不知何時會不告而別；反之，那些沒錢沒外表、不積極、不溫柔、不體貼、沒有責任感的爛咖，因為妳本來就沒有期待，也不怕受傷害，更因為自忖對方條件不好，反而可以給妳安全感：反正沒有人跟妳搶，萬一有人要，妳的難過也不會那麼深！」

女子愣愣地看著我。「好像有這種可能。一旦有人對我太好，我真的會覺得很不舒服，會心慌，很想報答對方；不知道該怎麼報答時，就會想找各種理由結束這段關係。」

「妳一直埋怨自己的命運。當然妳也可以去找算命仙花大錢、改那個不知道有用沒用的運。然而，真相恐怕是，妳的人格扭曲了妳的認知，讓妳總是選擇了容易失敗的感情，最後，妳果真每次都失敗。由於妳從來不認識自己的人格特質，更談不上改變，所以相同的行為模式會一再發生：越是努力，失敗的次數就越多。為什麼妳讀了那麼多有關感情的書，卻派不上用場？因為妳的人格特質跟作者不一樣。早在妳開始第一場戀愛前，潛意識中對於『得而復失』的過度恐懼，就已經決定了後來每次感情的失敗。」

這絕非個案。我們都活在自己人格所創造出來的命運裡，卻對此事一無所悉：對於生命故事中的成功與失敗、一路順風與崎嶇難行、峰迴路轉與飛來橫禍，我們傾向歸因給大環境的改變、自己的努力與付出、貴人相助、命運使然，卻很少有人會注意到內心深處那個對一切都有影響力的「人格特質」。

想像一下，每當高速公路發生重大車禍，無論是警方、媒體記者，甚或坐在電視機前面的你，直覺反應就是將它歸類為「意外事件」。然而，如果進一步深思：什麼人格特質的人，在高速公路上會因為受不了後方閃燈而心浮氣躁、開始加速？若非他的性格如此，也就不會想嘗試從大貨車後方快速切換到外車道，卻因此撞上視野死角的前車，導致車毀人亡。後方駕駛如果是另一種人格特質的人，或許在看見這一幕飛車驚魂時，就會先行減速退讓，不至於剎車不及，追撞成一團。甚至，那輛「倒楣」的前車駕駛如果換個人格特質，也許根本不敢跟這麼龐大的貨車並行駕駛那麼久，早就選擇讓大車先行，也就不會遭到追撞。

當這一切不幸機率湊在一起、風險實現時，我們稱之為「意外」；然而，這真的全然是意外嗎？我們往往忽略了所有「隨機性」中的「必然性」，在其中，人格特質絕對占有相當的比重。簡單來說，每位不幸事故參與者的人格特質都讓他們置身於某種風險：災難不是今天發生，就是明天發生；明天不發生，就是後天發生——只要人格特質沒變，這場「飛來橫禍」早晚有一天要發生，只是時空背景不同、情節輕重不等、有驚無險或死傷慘重而已。

「人格特質」替你選擇了思考的邏輯、講話的語調、動作的氣勢、對別人話語的反應，也決定了你從求學階段開始，會被哪一個小團體所接納，抑或當個獨行俠。「人格特質」改變了你的心理素質、對不同事物的抗壓性，讓你在不同的工作領域裡，或是如魚得水，或是寸步難行。「人格特質」掌握著你內心的情緒反應，焦慮、恐懼、興奮、喜悅，讓你在愛情的路上，勇敢地投向真愛的懷抱；或是不斷逃避能愛你的人，卻老是愛上不該愛的人。當你想在事業上有所發展或創業時，「人格特質」讓你對那些想利用你的人或是騙子有莫名的好感，卻對能讓你發跡的機會戒慎恐懼，猶豫再三。

「來找我們的，很多都是出國留學的碩博士。」一位專門在幫人渡化「冤親債主」的「業者」得意洋洋地跟我這個他眼中的「同行」分享多年的心得。「他們讀那麼多書，卻對自己完全不了解。我們師姊說什麼，他們就信什麼。」

這位「學有專精」的師父說出了現代人的荒謬：我們小心翼翼地檢視著自己的行為，分析著大勢所趨，為的就是不要再重蹈覆轍。甚至，在我們心靈脆弱的時候，還是免不了聽從親朋好友的推薦，找間傳說中的宮廟求神問卜，畢竟「寧可信其有，不可信其無」。但是，當我們自以為窮盡了所有方法，也以最卑微的姿態向命運低頭的時候，卻萬萬沒想到，命運的主人原來就是藏在自己內心深處，而你卻不認識的人格特質。

本書將帶您探索所謂的「人格特質」，尤其是一種相當奇特——說少見，影響力卻無所不在；說常見，卻又普遍不被了解的「B型人格」。在社會中，凡帶有「B型人格」的人，均懷著一顆不安定的心、無法停息的靈魂、揮之不去的孤獨感、有起有落的人生；名滿天下與惡名昭彰只在一線間，有些人還被當成憂鬱症或雙極性情感疾患（躁鬱症）患者來看待，但怎麼吃藥治療也不會好。由於我們對它的認識普遍來說太少了，當它蟄伏的時候，極難被發現。說不定，你身旁就存在著這樣的人——甚或正是你自己。

當然，在開始這段旅程前，我們得先從根本做起，弄清楚什麼叫做「人格特質」。

定義與類型化

性格決定命運。倘若這句古諺中的「性格」指的就是「人格特質」，那麼後者可就很值得我們去深究了。

那麼，「人格特質」又是指什麼呢？

心理學上對「人格」的定義眾說紛紜，但共通點是指「一個人在面對各種情境時——無論是內在或是外在的——會出現的整套行為模式、認知模式，與情緒模式的總和」。這些模式具有恆常性，即便時光遞移，也不輕易改變；就像指紋一樣，每個人有自己獨特的人格特質，雖然可以分類，卻不會完全相同。

舉個例子說明：當主管在會議室中當著全部門同事的面指責你，認為報告中有個片段錯得離譜，把你罵得狗血淋頭時，A君可能就此崩潰，在會議室一把鼻涕一把眼淚，回到位子之後，便畏畏縮縮的什麼也不敢做，彷彿做什麼都會被責備；H君卻表現出勇於認錯的樣子，甚至說了些「感謝主管指正」之類的話，想盡辦法討主管歡心，不過回到辦公室後，就把這件事給忘了，繼續我行我素；O君當下則焦慮到極點，外表卻強作鎮定，回到辦公室後，情緒才爆發出來，把所有成果統統刪除，即便主管沒有意見的部分也一樣，全部重頭再來一遍。

當時間空間轉換，來到一個全然不同的情境時，這三個人的反應又徹底不同了。以員工旅遊為例：大家來到一處農莊，自由活動半小時。望出去是一片無際的草原、藍天白雲，還有陽光，除此之外什麼都沒有。A君可能會很輕鬆地走在草叢裡，悠閒徜徉在這一大片綠野清新中；H君可能覺得無聊到爆，完全不知道自己該做什麼才好；O君說不定乾脆拿出行程表，開始背誦接下來幾天要去的每一個景點的地名。

各位不難看見：這三個人各有一套獨特的行為模式，面對不同情境，就會出現不同行為、認知與情緒。那就是所謂的「人格」。

人格具有相當強烈的穩定性，暗中牽引著我們的情緒、認知與行為，讓我們自以為按照意志行事，實際上卻被習慣法則所禁錮，犯下早已犯過千百遍的錯誤、在相同的地方一再跌倒、相信一再出賣自己的人所說的話；然而，人格的穩定性也同樣保護著我們，讓我們在毫無覺察的狀態下做對了某些事，並直覺地避開一些危險。

人格的存在，讓許多成功經驗難以複製，許多人會發現：在名人傳記裡的一些雋永故事，搬到現實卻是災難一場。巴菲特只有一位，索羅斯也只有一位，兩人享譽全球，作風卻大異其趣。你可以分析他們的一生、記住他們說過的每一句話、模仿他們做過的每一件事。然而，一如指紋、虹膜特徵與手掌靜脈分布，你沒有他們的人格特質，所以，在面對瞬息萬變的投資環境時，你仍開啟不了他們的財富大門。

遺憾的是，即便人格的影響力深遠，人們對於自己「人格特質」的了解程度依然相當有限，多數仍停留在「有趣的心理測驗」層面，把人格特質分成優缺點來參考，優點則發揮，缺點則改進。但事實上，人格的影響遠遠超過多數人所能想像。

由於「人格特質」的獨特性太高，所以，研究者一般會把具有相似特徵的人格加以分類，形成所謂的「人格類別」。然而，一涉及到分類，就會有相當程度的主觀因素，偏偏心理學上的人格理論眾多，不同的學說有不同的分類法則；說的直白一點，就是不同學派的人，可能使用相同的名詞，但是要表達的意思截然不同，然後雞同鴨講，爭得面紅耳赤。

為了解決這個問題，美國精神醫學會訂定了一個統一的標準：對於人格特質，只單純描述，不加以解釋；你看見什麼，就記錄什麼，這是人格分類上的一大進步——「現象學基礎上的人格分類」，被制定於《精神疾病診斷準則手冊》第五版（DSM-V）中，為美國、歐洲、紐澳、加拿大等各國所通用，臺灣的健保也是依據DSM-V來制定。

在這「人格分類」底下，一共有三大類人格：

A型人格（Class A Personality）

B型人格（Class B Personality）

C型人格（Class C Personality）

A型人格者的共通性，就是低度社會互動需求（不太需要與其他人互動）、沉浸在自己的內心世界、沒什麼情緒表露。從別人的眼光來看，就是冰冷、疏離、怪異、神祕、不修邊幅、缺乏社會互動、幾乎沒朋友、不在乎別人的看法，也不知道在想些什麼的怪人。這群人的比例相當少，不容易見到；即便出現，大家也很容易自動忽略，視而不見。然而，在極為罕見的情況下，這類人格要是剛好搭配上一顆絕頂聰明的腦袋，就非常容易引起別人的注意。據說，愛因斯坦就是個擁有超高智商的A型人格典型。

C型人格者剛好相反，這群人非常在乎別人對自己的看法，很願意為了別人而改變自己，但也因為太在乎別人的目光了，容易過度緊張，沒有辦法真正做自己。他們總是觀察別人，看別人怎麼做，自己就怎麼做；沒人可模仿的話，就看以前的人怎麼做；倘若連往例都沒得遵循，他們就會詢問權威人士的意見。C型人格不敢標新立異，更不敢獨排眾議。在他們的內在價值觀裡，所謂的「好」就是符合社會期待，不要失禮，以大局為重；其次，就是服從權威的要求，讓上位者滿意。C型人格占了總人口中的絕大多數，實例不勝枚舉，你身旁應該到處都是，說不定你的小主管就是（這類人願意做牛做馬，很容易升遷到中階主管的位置，然後就升不上去了）。

B型人格是一群介於中間的尷尬角色。他們看似很關心別人，其實在意的是別人眼中的自己，如果與自己無關，就會很戲劇化地變得冷漠。他們時而樂觀正向，時而沮喪悲觀，心情變化極快。原本開開心心的，卻可以只為了一件很小的事情，突然變得暴跳如雷；或者反過來，當人們都陷入情緒低潮時，他們又如點燃的煙火，激勵大家突破難關。多變、易變、難以預測、情緒化；講起話來頭頭是道、態度浮誇、無法捉摸，實際上能做到的卻很少，前後行為往往不一致，而且很會講幹話，是人們常給B型人格者的評語。在相處上，B型人格的人通常頗為親切，並不難接近，但交往久了就會發現：彼此之間彷彿有個無形的屏障，怎樣都無法更靠近，難以深交。正所謂「相交滿天下，知心有幾人」，長期的孤獨感是B型人格的特點之一。這類人的生命際遇差異極大，有人得意，有人落魄，在受眾人膜拜與通緝犯之間擺盪，甚至在事業巔峰時走上絕路也不奇怪。

A、B、C三型人格是個大分類，每一個類別底下都有更多的子類別，共有十種，如果要一一介紹，每種人格恐怕都得專書說明才行，所以我們就此打住。

我們只要記得兩件事：第一，「人格特質」有如指紋一樣，每個人都有；「人格類別」是研究者從諸多人格特質中歸納出來的結果，不代表你我必然屬於其中一類——許多人根本難以歸類。第二，美國精神醫學會制訂DSM-V雖然是為了精神疾病而分類，但它也清楚說明，光是符合其中一些要件，只能算是傾向（trait），不代表已經是違常（disorder）；事實上，具有A、B、C三型人格傾向（personality trait）的人，遠比人格違常（personality disorder）多很多。原則上，本書所討論的均為有「傾向」的健康人士，如果討論到「違常」，一定會標示清楚，請讀者不要隨便對號入座，輕率地認定自己或別人罹患「人格違常」（或稱「人格疾患」）。

為什麼要專注在B型人格？

在A、B、C三大人格類型當中，B型人格本身就是一種非常奇特的人格類型，對於社會的影響之巨大，遠超過其人數比例，卻又普遍被社會大眾所忽視。

我們先來聽聽幾位B型人格者的現身說法：

看我在人前人後風風光光、東招呼西招呼；一張嘴講起話來那麼溜，總把氣氛帶得好熱鬧的樣子，大家都以為我朋友很多，但其實，我幾乎沒什麼朋友。我也不知道為什麼，跟別人就是有一種距離感。會想來找我聊天的人的確不少，我也很能聊，一旦他們想更進一步了解我，我就好像害怕什麼似的，開始藉機開溜；偏偏我又很想跟大家在一起，很矛盾。每當場子散了，就是我最難受的時候，看著空蕩蕩的桌椅、杯盤狼藉，我都會很難過，常常因為這樣故意喝到醉。

一旦我跟某個人確定了男女朋友關係，我就會開始感到恐懼，無法克制地想像失去他的各種情景。我們關係越好，恐懼就越深，我常常因為根本沒發生的情況對他大發雷霆或痛哭失聲，必須等他不斷安慰我，讓情緒平息後，我才會注意到一切只是我的想像而已。我很厭惡自己這一點，也知道我會毀掉這段感情，而且每次結果都是這樣，但我沒辦法控制。當情緒風暴來的時候，我會害怕到發抖，躲到櫃子裡，那感覺就好像自己快消失了一樣，割腕會讓我舒服一點，如釋重負，但效果也很短暫。

我完全提不起勁去上課。我試過無數次了，不管怎麼逼自己都沒用，這點讓我沮喪極了。後來我發現一個辦法：我很喜歡吃學校後面那小攤的蔥油餅夾蛋。於是我告訴自己，我是「要去買蔥油餅，順便來上課」，這樣我就有動機去上課了，屢試不爽。荒唐的是，有時候上完課很累，懶得走出學校，竟然沒買也沒關係。我覺得我的人生好像就是一連串的自我欺騙，就跟哄小孩一樣。

沒有用的，不管我對他們再好、付出再多、犧牲多少，他們都不會在乎。我不求他們感謝我，只希望他們記得有我這個做大姊的在關心他們就好。但是我今天這樣，有人開口問過一句話嗎？沒有！大家只會說我活該，嫌我愛管閒事，見到我能閃則閃。平時，只要遇到難題，每個人都會來找我幫忙，不論是誰，我都盡心盡力，連自己的事情都可以擱著不管。我為他們付出這麼多，我得到了什麼？只得到了一身病痛，還有一句「管太多」！

不知道各位的感覺是什麼？基本上，應該會有兩種全然極端的反應：

第一種是：這有什麼好大驚小怪的？我實在不懂他們講這些是要幹什麼？有必要把事情想成這麼複雜嗎？自尋煩惱。

第二種是：原來不是只有我這樣，這世上也有人跟我有類似想法！這是真的嗎？實在讓我太驚訝了。

基本上，前者會比後者多很多。當然，在這個越來越重視心理問題的年代，可能會出現第三種情況：「我雖然屬於第一種人，但是我遇過或聽過這樣的人，我願意去傾聽與感受他們的想法。」

很遺憾的是，第三種情況發生的機率實在不高。我們不難想像：人數占絕對優勢的第一種人，一旦面對第三種人向他們吐露心事時，會出現什麼反應？

答案很簡單，就是劈頭一句「你想太多」「自尋煩惱」「鑽牛角尖」「沒事找事幹」「人在福中不知福」「窮得只剩下錢」「真不懂你在想什麼」「自己不想改變，別人也幫不了你」「天下本無事，庸人自擾之」……等等說也說不完的負面評價。在輕率地拋出一堆批評後，人們很快就會把這件事給忘了，但B型人格者卻忘不了。

這是B型人格者與主流社會之間所存在的一種矛盾：社會上大多數人對B型人格特有的細膩思考、多愁善感、自我中心、憑感覺做事等特質感到不耐。倘若只帶有一點點B型人格特質還沒關係；如果特質已經非常明顯，達到「人格傾向」的程度時，就不容易被社會所諒解，甚至會遭到標籤化與或多或少的排斥；再加上B型人格者本身無法袒露自己、無法與人深交，也不容易表達自我、讓別人認識，吃了悶虧也沒辦法說出來，使得在某種意義上，B型人格是個憂鬱症或精神官能症的溫床；更糟糕的是，B型人格者不只自己痛苦，也會把身旁親友給拖下水。事實上，B型人格偏差嚴重到一定程度時，當事人可能會喪失自我覺察。不少B型人格疾患之所以被發現，並不是患者本身自願就醫，而是家屬受夠了他們的情緒，連自己都搞到生病了，才在就醫的時候，間接發現當事人的人格問題。反倒是患者自我感覺良好，一點也不覺得自己需要治療。

然而，上述畢竟是特例。一般的B型人格傾向者內心往往是痛苦的，就算知道自己的做法會造成其他人的困擾，也不知道該怎麼辦，更不知道該向誰求助。由於目前社會對B型人格普遍缺乏敏感度，因此，大多數人都被當成憂鬱症患者來治療，吃了一堆不見得有必要吃的抗憂鬱劑，但「人格問題」還是存在，所以「病情」仍然沒有改善，家屬也只好咬緊牙根、繼續容忍這位看起來不像病人的「病人」宣稱自己「有病」。

有位心力交瘁的母親就曾這麼說：「如果要我講實話，我真不知道她到底哪裡有病？每天回家見人就罵，多問幾句也罵，再問下去就說她要去死。我們也不敢多說什麼，因為醫生就說她有憂鬱症。她也在吃藥，都吃七、八年了，也沒什麼起色。每天上網上通宵，有時候不知道看到什麼，還笑得好大聲。過一陣子又不知道跟誰鬧翻了，生起氣來就割自己的手，割得我好心疼，她卻說她一點都不痛，就是故意要割給我看。我最近越來越覺得人生活得很沒意義，但又不知道該怎麼辦。醫生，我女兒的憂鬱症有可能會好嗎？」

面對這麼一位已經有厭世念頭的母親，渾然不覺自己已經罹患重度憂鬱症，卻仍關心著女兒的病情，我實在不知道該說什麼。偏偏，B型人格就是很容易創造一堆這樣的故事：把自己藏身在「憂鬱症」的病名裡，卻把親人折磨到重度憂鬱。

就這樣，一群不是憂鬱症的憂鬱症患者每年吃掉健保無數抗憂鬱藥物，想治療自己的特殊人格特質；然而因為他們打從一開始就不是憂鬱症，所以「憂鬱症」永遠也治不好。卻沒人想過：只要透過自我覺察、反覆練習與邀請親朋好友一同協助，人格特質是有可能改善的。倘若能正視B型人格存在的事實，對於減輕健保的財務負擔、改善全民的心理健康，連同減低親友們的身心壓力，影響不可謂不小。

把這群人從「不被了解、孤獨寂寞沮喪難過，吃了再多藥也不會好，成天被身旁親友懷疑是不是在裝病」的痛苦深淵中釋放出來，還給他們一個公道，並認清真正問題的本質在於B型人格與主流社會的衝突，同時提供一個真正有效解決問題的方案，就是本書的目的。

然而，說來容易做來難。

倘若我們揭開這一節一開始的四段真情告白，看看說話者的廬山真面目，就會知道問題的棘手之處。

第一位是B型人格中最華麗的「戲劇型人格」，他們總把日常生活當成自己的舞臺，把自己當成男女主角，而人生就是由一齣又一齣戲所串連起來的。這些人不管見到誰，都是那麼熱絡，不管跟他聊什麼，他也都能跟你聊上那麼一點；不管你的政治立場是什麼、對事件的看法是什麼，他永遠恰好跟你一樣，也有相似的見解。但就僅止於此，你不能再認真下去，這只是他專為你演出的戲，再認真下去就會穿幫。戲劇型人格者無法自制地對每個人演出不同的戲碼；外表儘管熱絡，內心卻很孤寂，特別是曲終人散的時候，最是他們難熬的時分。

第二位是B型人格中最痛苦，也最讓別人痛苦的「邊緣型人格」。他們活在真實與想像的邊界之間，倘若有件令他們害怕的事情（例如被男友拋棄），不必真的發生，光憑想像就可以像真的一樣，讓他們陷於崩潰，歇斯底里地大哭、嘶吼、憤怒地摧毀一切。太過逼真的想像，足以破壞所有的關係，無論是感情、親情或人際關係。那是一種沒有辦法控制的感覺，完全無視於理性的存在，恣意地在當事人心中蔓延，通常會逼使當事人藉由割腕等自殘行為帶來痛楚，才有辦法終止這種感覺繼續氾濫。

第三位是個頗中二的大學生，看起來似乎無害，但他卻是個道道地地的反社會型人格者。對他而言，滿足生理需求的吃，遠比透過學校成績贏得別人肯定來得重要，他甚至學會操控自己對食欲的期待來達成目的。他當然不會是因為蔥油餅而來求助，事實上，他是因為反覆偷竊，讓他那位居要津的父親窮於善後滅火，才強迫他來就醫的。「好玩啊！」男孩說。「要是被抓到，店家通常都會氣到不行，我就故意拚命道歉。看著店家因此猶豫著要不要叫警察的模樣最是有趣。」

第四位是出了名的慣老闆，剝削苛刻員工是她拿手的絕活，在她的手足眼裡，她既自私又自大，還有強烈控制欲，只要跟她在一起，就要接受她的指揮與命令：她要你往東，就連往西看一眼，都是對她的嚴重挑釁；拿了她的「恩惠」，若不時時刻刻叩謝「皇恩浩蕩」，你就是全天下最忘恩負義的人。因此，所有親戚和兄弟姊妹全都離她遠遠的，她的東西能不碰就不碰，她的發言能不回答就不回答，以免後患無窮。這樣的人被貼上「自戀型人格」這個標籤絕對不為過；但在她眼中看來，自己卻是個不斷犧牲奉獻，卻沒人感謝、沒人在乎的傻大姊。

這四位「事主」都已經嚴重到「人格違常」的地步，以他們的所作所為，以對自己、旁人和社會秩序的破壞性而言，要談自我的改變、別人的包容，談何容易？

這就是人格問題比憂鬱症難處理的地方。面對憂鬱症，我們可以上網查量表，可以到門診看醫生，萬一不幸罹患憂鬱症，醫師有幾十種抗憂鬱劑可以使用；倘若預算夠，還能選擇心理治療。重點是，憂鬱症患者只會想傷害自己。不會惡意加害別人（如果會，那你遇到的應該是位被當成憂鬱症的人格違常患者）。

然而，面對B型人格，情況就截然不同了。承受人格問題的人們本身固然痛苦，需要我們的協助；但隨著人格偏差越來越嚴重，他們對於旁人造成的傷害也越來越巨大，卻不覺得自己有什麼問題，更不願意就醫，這讓我們陷入兩難：到底是要教會大家怎麼防備來自B型人格違常患者的傷害，還是寫一本讓B型人格者能夠自救、旁人也懂得怎麼協助他們的書？

有一個看似合理的做法：以人格偏差的嚴重度做切割，一方面協助輕微的B型人格傾向者，同時預防嚴重B型人格違常者的破壞性。但問題是，改變動機的強弱不一定跟症狀嚴重度有關，嚴重的人格違常患者也可能有所自覺，想改變自己糟透了的行為模式。

讓我印象深刻的，是曾有一位人格違常的個案帶著很絕望的表情前來：「我到書局找資料想自救，結果看到的全是教人怎麼提防我這種人的書！」

因此，我決定將書寫依「當事人的態度」一分為三：在問題不嚴重、當事人有意願要改變的情況下，我們提供自救與他助的辦法；在問題嚴重、但當事人仍有意願要改變的情況下，我們提供尋求專業協助的方法；在問題嚴重、且當事人毫無改變意願的情況下，我們提供其他人自我保護的技巧。

最終的目的，還是在於讓大家熟悉「B型人格」這個潛在的心靈亂源，從根本解決日益增加的憂鬱症與精神疾病潛在患者。

第 2 章

B 型人格的內心世界

B型人格的輪廓

按照DSM-V的定義，B型人格是一種很不穩定的人格，特別是在情緒、人際關係、行為表現上，給人的第一印象就是誇張、矯情、衝動、善變、自我中心，常常無視別人的看法，做出一些驚世駭俗的事情；只要能吸引眾人的目光，B型人格者很容易不顧一切就幹下去。因此，B型人格者很喜歡追求所謂的瀟灑、浪漫、唯美事物，無視現實狀況許不許可，只要能夠滿足心理上的「效果」，一切就夠了。

以送花為例。一般人送九百九十九朵紅玫瑰給女朋友的時候……

「俗！」B型人格者會這麼說。他會請花店老闆先送九百朵白玫瑰到女朋友上班處，自己再拿著九十九朵紅玫瑰親自送過去。紅白相襯，對比強烈，又十分與眾不同，這些都是B型人格者喜歡的元素。

「聽起來好像不錯。」有些女性朋友可能會這麼想。但是不要忘了，在這整個事件中，B型人格者愛上的並不是女朋友，而是送花的巧思，到頭來，他愛的還是他自己！

B型人格雖然只關心自己，但在他們的認知裡面，自己處處都在為別人的利益著想。因此，舉凡有關「正義」「公理」「為天下蒼生」「對歷史有交代」之類的詞句，都能像捕蠅紙一樣快速捕捉到B型人格者，只不過再講下去，他們就會露餡。

曾有一位媽媽，在我面前講述她對孩子的愛有多無私，足足講了二十分鐘，還越講越激動，紅了眼眶。「總之，我所做的這一切，全都是為了他們，只要他們過得好，我就心滿意足了。我對他們完全沒有要求。完全沒有，真的！」

「所以，如果妳兒子說他將來想去當清潔隊員呢？」

這位媽媽臉色大變。「當然不行！我花了這麼多心血送他出國留學，如果回來只是要收垃圾，那讀那麼多書幹什麼？」

「倘若收垃圾是他的興趣呢？」

「絕對不行！那我怎麼出去見人？別人問起來，我要怎麼回答？他真敢這樣，我就跟他斷絕母子關係！」

固然沒有幾位母親能容忍留洋博士的兒子以清潔隊員為志業，但是能被自己說出的話所感動、陶醉在自己的偉大情懷裡，而且在夢想破滅後，馬上說出「斷絕母子關係」這種話的，大概也只有B型人格者才辦得到。

不難想見，B型人格者往往過於理念化，流於不切實際。有些時候，B型人格者會很固執，堅持自己的想法，還自認為是「擇善固執」；但看在別人眼裡，只覺得他們很中二，甚至有些滑稽。

另一方面，多變的情緒讓他們像綠巨人浩克一樣，情緒高漲時，B型人格者顯得強大而堅韌，包容力十足，不管別人怎麼攻擊，B型人格者都能一笑置之，繼續堅持己見；一旦情緒退潮，人們馬上就能看出裡頭的那顆玻璃心非常易碎，即便一句無心的話語，都能讓B型人格者暴跳如雷或沮喪到極點。

這一點，讓B型人格的形貌變得非常複雜，許多特質甚至互相矛盾。例如：在熟悉的環境裡，情緒高亢的B型人格者可能變得非常善於交際，像隻花蝴蝶一樣，飛舞在社交場合中；不過一旦到了陌生的情境，再加上情緒低落，B型人格者可能變得內向膽怯，拙於言詞，見到人便焦慮得不得了，像是罹患社交恐懼症似的。

這種多變的特質，讓我們很難以條列的方式來介紹B型人格，否則，讀者將會看到「B型人格是一種既善於社交又不善於社交的人格」這種不合邏輯的句子。

我們得改弦易轍，在完整介紹B型人格的官方定義與四個子人格時，必須「中場休息」，暫停說明B型人格的外觀表現，先深入B型人格者的內心深處，穿著他們的鞋子，用他們的腦袋來思考這個世界。

等熟悉B型人格者奇特的思考邏輯後，再回頭介紹B型人格的外觀表現，並一一詳述四種子人格。如此，讀者才能將整個B型人格的行為表現串聯起來，不至於有「這是在講同一件事情嗎？」的支離破碎感。

B型人格的基本架構

B型人格是一種大分類，由下列四種子人格所組成：

一、**自戀型人格**（Narcissistic personality）
二、**戲劇型人格**（Histrionic personality）
三、**反社會型人格**（Antisocial personality）
四、**邊緣型人格**（Borderline personality）

所謂的「子人格」，就是當事人除了符合B型人格共有的特質之外，還多加上這個子人格專屬的特質。

一般來說，在正常而健康的人身上，如果出現了某種人格特質，但還沒達到疾病的程度，我們就會在上述名詞後面加上一個「傾向」，例如「自戀型人格傾向」，簡稱NPT，這意味著這個人可能比較固執、不懂分享、長期感到自己不被了解、容易感嘆懷才不遇，但不至於嚴重影響自己或別人的生活，造成社會職業功能的障礙。當然，其他子人格也各自有他們的專屬特質，其名稱跟縮寫如下：

一、自戀型人格傾向（Narcissistic personality trait），**簡稱**NPT

二、戲劇型人格傾向（Histrionic personality trait），**簡稱**HPT

三、反社會型人格傾向（Antisocial personality trait），**簡稱**APT

四、邊緣型人格傾向（Borderline personality trait），**簡稱**BPT

無論是NPT、HPT、APT還是BPT，都是屬於「B型人格傾向」的一種，是正常的人格類別，不能算是疾病，各有優缺點。我們在後續的討論中主要在談的，就是怎麼消除各自的缺點，並凸顯專屬的優點，以達到當事人與社會之間的和諧共存，也就是「適應」，而這也就是治療人格問題的最終極目的。

延續前面的例子，倘若當事人的人格表現已經嚴重到干擾到別人，或造成自己與別人的痛苦，例如天天與鄰居吵架鬧事、每日借酒澆愁、爬上十樓陽臺大喊沒人在乎他的感受……等等，便已經符合診斷條件。這時，我們會在字尾加上另一個詞「違常」，正式昭告世人：這已經是一種精神疾病，患者必須接受治療，而親朋好友也得學會怎麼應對——在保護自己的前提下，對他伸出援手。

舉例來說：自戀型人格違常，簡稱ＮＰＤ。一般來說，專業人士看到這個縮寫，就會心中一緊，知道接下來可能要面對一名傲慢無禮、缺乏同理心、出言不遜、處處質疑治療方式的棘手病人。

跟「人格傾向」一樣，其他三種子人格也會有各自的專屬症狀，其名稱與縮寫如下：

一、自戀型人格違常（Narcissistic personality disorder），**簡稱ＮＰＤ**

二、戲劇型人格違常（Histrionic personality disorder），**簡稱ＨＰＤ**

三、反社會型人格違常（Antisocial personality disorder），**簡稱ＡＰＤ**

四、邊緣型人格違常（Borderline personality disorder），簡稱BPD

在醫界，消耗精神醫療資源最嚴重的，非「邊緣型人格違常」莫屬，事實上，我還在住院醫師受訓的時代，醫院病房的病患清單中，偶爾會看到有人被標註上「BPD」這個字眼，而所有的工作人員也都明白，隨時要小心這些患者鬧事。

我就曾見過一位清秀的女學生，講話輕聲細語，只要見到人，未語先臉紅，客客氣氣的，模樣頗惹人憐愛，然而，到了半夜，巡房護理師卻發現她躲在棉被裡割腕，整隻手臂全是一條一條的刀痕。

大家都嚇了一跳，因為刀片在封閉病房（不能讓患者自行外出的急性精神病房）是違禁品，根本過不了住院時的安全檢查；那麼，她的刀片是怎麼來的？最後，真相大白，原來她帶了一隻填充玩具泰迪熊。在住院之前，她先把泰迪熊身上的背心剪開，將刀片縫在泰迪熊的背心與肚子之間，再把背心縫好，以泰迪熊偌大的身軀，任由安檢人員怎麼擠壓，刀片也不會露出來。沒見過的人可能很難以想像，病患為了傷害自己，竟如此費煞苦心。

反社會型人格違常也是一大麻煩，我就曾在封閉病房裡見過一位患者，他把一根竹筷對折成兩半，拿著其中半根，斷面朝前，假裝在病房裡散步。等到他走到上鎖的鐵門前，突如其來地把竹筷戳入喇叭鎖孔，折斷，轉身，若無其事地離開。由於竹筷斷面全是細微的竹枝，自然會有部分卡進鎖頭內，這副鎖就等於壞了。患者的意思很明顯：你們不讓我出去，那我就讓你們就算有鑰匙也出不去！

基本上，人格具有恆定性，除非遇到重大創傷事件或腦傷等生理性傷害，否則不太容易改變，所以，B型人格傾向者並不會因為沒有得到治療，而逐漸惡化成「B型人格違常」，這點倒是可以放心。雖然兩者都有B型人格的特質，但是由於程度上的不同，我們可以把他們視為不同的兩種人，各自有各自的問題要解決。

通常，B型人格者在未到達病態的時候，不一定會固定出現哪一種子人格，而是會隨著時間與情境轉換，甚至是四種子人格同時出現；而在臨床上，就算已經達到病態（例如「自戀型人格違常」），患者身上還是有可能出現其他三種子人格的跡象。

因此，有不少臨床醫師不喜歡直接使用子人格的概念，而傾向於使用「B型人格」來描述人格問題，然後把NPT／HPT／APT／BPT視為B型人格的四個面向。

無論如何，在我們更進一步去了解這四大類子人格前，我們得先對B型人格的特質有足夠深入的理解，明白貫穿整個B型人格之間的共通特性，之後在討論個別子人格時，也就能明白為什麼專家們會將這四個看似不相干的人格類型放在一起，還給它們共同的「B型人格」稱號。

以下，我們就要開始解析，B型人格者的腦袋裡，到底發生了什麼事？

失控的情緒

B型人格最核心的特質，就是「情緒」具有相當高的不穩定性，甚至會徹底失控，不受外在環境所影響。

這與常態相反。對大多數人而言，「情緒」是穩定的，除非受到環境或其他因素（例如內分泌）影響，否則不會無緣無故改變。例如：你最近情場得意、有升遷機會、家人和樂、朋友都挺你，那麼你的心情自然愉快；如果最近感情破裂、升遷無望、鬧家庭革命、朋友跟你絕交，那麼心情的沮喪不在話下。總之，情緒是好是壞，都必然有其原因。

對於B型人格者而言，上述的過程剛好相反：心情好的時候，笑口常開，做事勤快，也善於做人，結果情場得意、冒出個升遷機會、家庭和樂、朋友相處融洽；心情不好的時候，整天板著一張臉，遇到一點小事就發飆，拖延怠惰、無視他人存在，無論職場、情場、家庭或朋友關係都跌到谷底。此時，「情緒好壞」是不必有原因的，更荒謬的是，心情好壞才是決定人生際遇與前途發展的重要因素。

當然，在大多數人身上，「情緒」跟「環境」也可以互為因果，彼此互相影響。例如先前無故發生一點口角，因此情緒低落；而低落的情緒又反過來改變認知，認為這段關係沒希望了，吵得更凶，心情更惡劣。這是「情緒」跟「環境」彼此影響，形成惡性循環。

然而，B型人格者的情況並不這麼單純：他們的情緒往往說變就變，沒有道理，沒有原因，就此拖垮了整個環境，無論是職場、情場、家庭或朋友關係。看在旁人眼裡，那轉變根本就是莫名其妙，但B型人格者並不會有所覺察，只會依當下心情繼續做事：倘若心情不好，那麼眼中所見的一切，沒一件事情是順眼的，又煩又躁，既失望又生氣，簡直想放棄所有的努力；然而，當好心情來臨時，一切霎時改變：原本無解的問題，統統顯得如此容易，先前的煩惱彷彿全是庸人自擾。

如果說，人生是一艘船，理性是舵，情緒是羅盤，心情的好壞引領著人類航向讓自己過得更快樂的地方。那麼，B型人格的情緒羅盤一定是壞了，要不是受到海底大量磁鐵礦的干擾，就是遇到了外星人。它轉它自己的，不管經度，不管緯度，不管航道，不合邏輯。此時，儘管B型人格者再怎麼努力掌握住理性的舵，也是沒有用的。這艘船是否能平安航行下去，真的只能靠運氣。

運氣好的時候就像喜劇片，什麼荒唐的事情都能發生。常見的一種情況是：當大家因為聽到壞消息而士氣低落、頹廢喪志的時候，B型人格的情緒卻莫名其妙滿檔，並用華麗的文采、滔滔不絕的雄辯來激勵大家，鼓舞士氣，大家半信半疑地姑且一試，發現竟然還有一線生機，最後峰迴路轉，反敗為勝；然而，此時B型人格者的情緒卻用完了，他震驚於自己為何如此樂觀，更一時無法接受自己是改變局勢的大英雄，當大家帶著感恩的心情的簇擁過來時，他反而落荒而逃，心中充滿疑慮與羞愧，只想找個地洞鑽下去。

運氣不好的時候，B型人格者就像隻唱衰的烏鴉，明明局勢大好，他偏偏悲觀以對；他的心情有如黑洞，再多捷報傳來，這個黑洞都沒有被填平的跡象，只能不斷消耗同伴們的信心。

如果真的要分析B型人格者的情緒走勢，某種程度倒是可以引用華爾街股市來做為比喻。B型人格者的心情就像股價指數，而環境因素就像經濟表現。正如華爾街的一句俗諺所說的：「行情總在絕望中誕生，在半信半疑中成長，在憧憬中成熟，在充滿希望時毀滅。」股價指數永遠跑在經濟表現之前，當環境因素有可能改善時，股價指數已經上漲了；等到經濟表現確定變好時，股價卻又已經來到高檔，差不多要崩盤了。B型人格者的敏感度太高，對於細微的環境變化往往反應過度，但自己卻未必能覺察。當局勢有好轉跡象，B型人格者的情緒早在第一時間就大幅上揚，但環境尚未出現實質變化；等大家都充滿希望時，B型人格者反而崩潰了。光是時間落差，就足以讓B型人格者的情緒顯得突兀而反常。再加上現實生活中總是充滿了各式謠言、假訊息、無法驗證的臆測等諸多不確定性，被B型人格者的過度敏感放大後，更難以理解是什麼在影響他們的心情。

這個特質為四種子人格所共享，但表現方式不太一樣。在反社會型人格者身上的表現是相當深沉的，個案往往缺乏表情，顯得冷靜而沉著，但這個「缺乏表情」正好暴露了個案企圖壓抑的強烈情緒。在邊緣型人格者身上則剛好相反，不但情緒波動特別大，而且轉折非常快，難以預測下一秒鐘會發生什麼事情。戲劇型人格者會明顯誇大情緒，有時還會帶有一點表演性質；跟邊緣型人格者不同的是，你能看得出來那一絲刻意誇大的企圖。自戀型人格者的情緒往往在極度自大與極度自卑之間擺盪，呈現出來的就是自我滿足、自我懷疑、懷疑別人貶低自己、對自己不滿、憤怒、被害感等情緒漩渦，在裡頭一直轉圈圈，周而復始。

眼尖的讀者可能會很好奇：雙極性情感疾患的症狀不也是「情緒失去控制」？B型人格跟雙極性情感疾患之間到底有什麼差別？事實上，這兩者在臨床上確實並不容易區分，甚至有研究顯示：B型人格中的邊緣型人格患者容易併發「輕躁症（第二型雙極性情感疾患，Bipolar II disorder）」，但是，這兩者還是有本質上的差異。

首先，雙極性情感疾患患者在發病前，儘管可能會有些先驅性症狀，但理論上，會先歷經正常的階段，發病後才會出現情緒失控的症狀。在治療上，會以控制病情（甚至治癒）為目的，確實也有部分雙極性情感疾患患者終生僅發病一次而已。此外，目前已經發現有效的雙極性情感疾患藥物，所以積極治療是有必要的，過了急性期之後，則需要由專科醫師視實際狀況研判，應給予多久的預防性用藥；而合併心理治療也會減低復發的機率。

B型人格是人格的一種，未必是病。情緒固然會失控，也可能因此嚴重影響生活，甚至斷送前程、喪失友誼，或導致家庭失和，但還不至於做出像雙極性情感疾患症患者會出現的誇張行為，例如明明是去買早餐，卻買了預售屋，或無端到馬路中央指揮交通；就算嚴重到「B型人格違常」（已經是疾病程度），行為也可能很脫序，但還是不會像雙極性情感疾患般喪失理性。然而B型人格延續的時間相當長，從青春期末期人格逐漸成型後就很難改變，通常會延續一輩子，正如古諺所說的「江山易改，本性難移」，不能寄望以長期服藥來控制（實際上，也沒有B型人格疾患的特效藥）。治療的目的以增進當事人的覺察能力與自我控制，讓B型人格者能跟社會和平共存，甚至是發揮人格優點為原則（詳見後述）。

這邊就舉一位有自戀型人格的男性，對於管不住自己情緒的想法作結吧：

我真不知道自己的腦袋怎麼了。心情好的時候，我會信心滿滿，很敢跟別人相約，也樂於在眾人面前展現自我，接下一堆演說的邀請；但過不了多久——有時候甚至只是睡個午覺，那種自信心就不翼而飛了。我忽然焦躁不安，非常懷疑自己能否做到先前的承諾？看到接下來的演說邀約，我就一個頭兩個大，根本不知道要講什麼，偏偏又記得很清楚：那是我親自答應人家的。我覺得體內好像住著一個超人，他現身的時候，一切都好辦；麻煩的地方在於他到處答應人家，但需要他的時候，又不知道飛到哪裡去，只留下一個懦弱的自己去招架大家的目光。這點讓我感到極度困擾。

眼裡全是自己

千萬不要從字面上解釋「眼裡全是自己」這句話，誤以為B型人格者非常自私；事實上正好相反！這句話可以有多重解讀，從第一層解釋來看，眼中所見全是自己，換句話說，每個別人都是自己，也就是B型人格者把「別人」當成了「自己」；那麼，別人的事就是我的事；別人遭遇問題，就是我遭遇問題，我責無旁貸要幫忙（事實上，他幫的還是自己）。

所以，B型人格者表面上是很友善、很有親和力的，特別是戲劇型人格者，你會覺得他熱心過了頭。儘管有那麼一點作秀的成分在，但無論如何，他們是主動積極助人的；甚至連反社會型人格者可能也如此，只是會有種「既幫你，同時又玩弄你」的感覺。邊緣型人格者的反應會有點膽怯，一副「我想幫你，又怕自己能力不足」的模樣。比較特別的是，自戀型人格者在這方面非常極端：如果他的狀況好，助人會讓他更加自我感覺良好，可以讓他陶醉在「為天下立心、為生民立命、為往聖繼絕學、為萬世開太平」的情懷裡；當他狀況不好，他就會意志消沉，就算只是跟他借個二十元買飲料解渴，他也可以感傷「世衰道微，人性軟弱」很久。

乍聽之下都很誇張、匪夷所思，甚至很好笑，但是，不要忘記一件事：B型人格者很容易活在自己內心的世界，所以，實際付諸行動的部分與他的內心戲相比，只不過是冰山一角。正常狀態下，不太有機會見到一個瘋瘋癲癲的B型人格「患者」對你做出這些誇張反應，所以你也不知道原來對方的腦袋裡已經閃過這麼多念頭。

以上不過是第一層解釋而已。進一步演繹「眼裡全是自己」這句話，就會出現些許令人不舒服的地方了：正因為別人也是自己，人我界線並不清楚，所以，B型人格者容易出現兩種反應：過度干涉別人的生活，或是過度疏離別人的世界。這兩種行為通常會同時發生，快速地相繼出現。

面對團體生活時，B型人格者往往不知道自己的人我界線並不清楚，所以很容易說出在社交上失禮的話語，例如彼此的關係和互動還沒那麼良好，就說出過分親密的話語，讓人感覺到受冒犯、被侮辱、不知道該怎麼回答；面對異性，B型人格者有時會顯得太輕佻，用詞帶有性暗示，甚至讓對方有種遭到性騷擾的感覺。相反的，當彼此關係已建立到相當程度，講起話來理當可以熱絡些的時候，B型人格者又會說出一些過分客套的話來，讓別人不知道到底該把他當朋友還是客人。

言語如此，行為也如此。正所謂「禮多人見外」，B型人格者在「無禮」與「見外」之間始終拿捏不好。長久下來，當B型人格者漸漸有了自覺後，也會感覺到挫折。要命的是，他們面對挫折的方式，往往是從潛意識中啟動心理防衛機轉，採取否認機制：根本「視而不見」，甚至出現更挑釁的「反向作用」，也就是更故意且頻繁地做出讓人不悅的行為。等到他的心理防衛機轉再也無法掩蓋事實後，B型人格者才會注意到別人的不悅。此時，他們整個人會變得退縮，索性不去面對社交這一塊，因為他們實在抓不到「合乎禮儀」的分際。

要掌握B型人格者的社交障礙特質並不困難，最快的方式就是透過自己的感覺。因為B型人格者常讓身邊的人有種強烈的困惑：乍看之下，明明就是個親切、和善或熱情的人，為什麼看起來那麼孤單？就算他身旁有一堆粉絲、信徒與學生，就算他像花蝴蝶一樣周旋在眾人之間，但那種孤獨感一樣強烈。等你實際與他們相處後，就會發現自己與B型人格者之間有一定的距離感：說不上來為什麼，但就是沒辦法靠近，彷彿對方刻意跟你保持距離——儘管他並沒有這個意思。

面對親密關係時，B型人格者同樣不知道自己的人我界線並不清楚，所以關心往往變成了「干預」，甚至是「控制」：什麼都要知道，什麼都要管。如果有什麼是他不知道、不能干預——甚至是不能控制的，那麼對於B型人格者而言，這就是一種忽視他的行為，是一種否定，甚至是背叛。

更糟糕的是，由於B型人格者眼中所見全是自己，因此，不管對象是誰，所有的「忽視」與「否定」到最後都是針對他而來，因為「他就是全世界」，不管攻擊誰，都等於在攻擊他，使得B型人格者極度無法忍受批判與冷落。更荒謬的是，不管B型人格者怎麼辯解，還擊的力道還是會打在「無所不在的自己」身上。舉例來說：B型人格者要是批評別人小氣，那麼接下來，他就會過度在意自己是否不夠大方，並為此不斷找自己麻煩。

一般而言，B型人格者很喜歡袒露自己，嘗試真誠且不帶偽裝地與人互動；但萬一出了差錯，不管是誰批評誰，甚至根本沒人抱怨誰，B型人格者馬上會出現防禦動作，多疑的性格就這樣跑了出來，怎麼澄清都沒用。B型人格者會滿是受傷之色，既生氣又沮喪，整個人變得退縮，與先前的熱情判若兩人。看在別人眼裡，就更不知道怎麼與之相處了。

B型人格者的世界裡會持續充滿這類矛盾，弄得自己傷痕累累。

一切隨時會幻滅

不妨想想日本諾貝爾文學獎得主三島由紀夫的經典名著《金閣寺》，書中那名青年僧侶之所以燒掉他深愛的金閣寺，理由是：「與其看著那美麗的金閣寺在塵世間逐漸傾圮，我選擇放一火把它燒掉。那樣，金閣寺的美好就會永遠留存在心中，完全為我所獨占，再也沒有人能進去。」

如果各位能明白這種想法，再把「金閣寺」換成「女友」，「放一把火」換成「支解煮熟」，那麼就不難同理嚴重病態的反社會型人格患者吃掉女友的心理是怎麼回事了。這是B型人格者的邏輯──「剎那就是永恆」，還加碼「唯我獨有」。

雖然一般的B型人格者絕對不至於這麼誇張，而且即便是B型人格疾患患者，也很難幹出這種駭人聽聞的事，但是，想抓住美好的剎那，且完全獨占的心理，卻是如出一轍的。

有位邊緣型人格者在回想他的畢業典禮時這麼說過：「那天早晨，天灰濛濛的，我起床得很早，並不睏。我拿出制服，看著它們，看了好久，我知道，我即將失去它們了。那一天，我努力設法讓自己保持清醒，想讓自己記下眼前的每一個畫面，那都將是我關於這學校的最後影像，此後，我就不再屬於這裡，我的生命將永遠失去它們──然而，我根本沒參加畢業典禮，也沒再跟任何朋友連絡。倘若我終將失去，不如不要擁有！」

撇開這樣極端的例子，為了對抗這種幻滅感，B型人格者往往有強烈「留住這一切」的渴望，倘若能善加利用，將會是一股強大的向上動機。社會上許多成功人士往往就是為了對抗這種感覺，而獲致今日成就。然而，正如逆水行舟，不進則退，為了不讓自己退後，他們會竭盡所能向前進，不耐於按部就班，而這也提高了失敗的風險。

即便如此，幻滅感還是無所不在，特別是無法藉由「事業有成」來克服的親情與友情等關係。對於「擁有」的不安全感，甚至能成為不同B型人格特質的識別標誌：反社會型人格者採取的手段比較直接，可能會訴諸各種型態的暴力，最常見的，就是媒體上聳動吸睛的恐怖情人事件。對於戲劇型人格者而言，這種渴望就類似表演者想吸引觀眾目光的心情，倘若群眾有不耐煩或分心的跡象時，戲劇型人格者就會花招百出，行為更是誇張，彷彿在強化自己的演出強度。自戀型人格者視「留住一切」為天經地義，一旦面臨失去，玻璃心就會碎滿地，最常見的反應就是震驚、憤怒、被害感、指控他人的陰謀干預。然而，在所有B型人格特質中，反應最為激烈、戲劇化、誇張與瘋狂的，「邊緣型人格」絕對當之無愧。邊緣型人格者可以光憑想像出來的情節，就產生強烈的不安情緒，彷彿一切都已經發生過。因此，邊緣型人格者經常處於高度焦慮中，最常見的反應就是極其柔軟卻堅定無比的情緒勒索，一旦最終還是得不到令他放心的答案，就可能出現嚴重憂鬱、吸毒、酗酒、割腕、自傷等挫敗行為，把自己或他人逼到近乎崩潰的地步。

不過，不管哪一種B型人格，在情緒低落的時候，對於幻滅感的恐懼也可能突然反轉為對生命態度的消極：拒絕正面看待生活中的重要事務、放棄社交生活、不願意累積人際資本，也無意於學習生存技能，放任自己過一天算一天，過起自我放逐的日子，可說是憂鬱症的「B型人格加強版」。通常，由於變化時間很短、反差太大，不僅會讓旁人吃驚，連本人也會有自覺，甚至會主動求醫。所幸，待低落情緒過後，這情況通常會大幅改善。

幻滅感的存在，讓B型人格者傾向於追求爆炸性的發展、快速取得的成就，希望展現剎那的光芒，但代價卻是終生的失落與紊亂。試想：倘若自己所擁有的一切終將再度失去，所有的歡愉都只是乍然點著的火柴，猛烈卻渺小，絢爛卻沒有溫度，你會對人生採取什麼樣的策略？

「棄我去者，昨日之日不可留，亂我心者，今日之日多煩憂。」「君不見，高堂明鏡悲白髮，朝如青絲暮成雪。」才華洋溢的詩人用優美的詩句寫出B型人格者的心情，除此之外，數不清的小說家、音樂家、畫家、雕刻家等等，也都用各自的天分留下了龐大的素材以供我們同理。在藝術的天空裡，具有天分的B型人格者往往能成為卓越的創作者，這個族群就像是隱身在芸芸眾生中的人才寶庫。甚至，我們還能從詩人們自我安慰的話語中，一窺他們令人咋舌的行事風格：「同是天涯淪落人，相逢何必曾相識。」「天生我材必有用，千金散盡還復來。」

只是很遺憾的，才高八斗畢竟是少數，更多的是一般的普羅大眾。在華爾街激動揮舞的手勢中、在購物頻道口沫橫飛的天花亂墜裡、在每日早晨的剃刀與鏡子邊緣、還有鷹架底下將莎莎亞混入保力達B的手中，或許都有一顆同樣迷惘而不安的心。

那就是B型人格者面對真實世界的無力感。

行動就是救贖

B型人格者與「行動」的關係相當密切，然而，要提到「行動」，就不能不先簡述一下「存在主義」。

存在主義關切的是人類的存在，指出人的存在與其他事物的不同。以桌子為例，要先有藍圖，才製成桌子，直到損毀，桌子的「本質」都不會變，且先於「存在」；但人類不是。嬰兒呱呱落地時，沒人料到將來他會變成怎樣，希特勒也好，愛因斯坦也好，你也好，我也好，剛出生時，根本沒人知道未來會如何。然而，當我們意識到自己存在時，一切都已經被決定了，從姓名、性別、遺傳、家世背景，到後天教養，沒有一樣是自己能作主的。每個人都像是臨時加入一場生命賭局的牌友，接手的是打到一半的牌，不管好牌爛牌，都得打下去，而且當落幕那一刻到來，蓋棺論定時，你也得概括承受：牌打成什麼局面，你的本質就是什麼。有些存在哲學家（例如海德格）還認為，死亡召喚著我們，把我們從團體生活中拉出來，讓我們直接面對虛無，好明白自己時間不多了。但是該採取什麼行動？天曉得！

這就是「存有的焦慮」，也就是「清醒地活著本身，就是一種焦慮」。

對於這些論述，大多數人並不關心，因為團體生活對人類產生了某種保護作用。每天總有做不完的工作，下班後，還有好多聚會、各式娛樂等著我們。身處團體中，人們並不容易想到死亡，也不太會直接面對「存有的焦慮」——B型人格者例外。

如前面所說的，既然B型人格者不容易融入這個社會，他們就得「獨自」面對過去、現在與未來的自己，也不能混在群體生活裡，讓自己忘懷所有無法控制的一切。既然「過去」不可改變，當然不能抱怨拿到的牌不夠好；展望未來，B型人格者對自我的期許永遠都是那麼不切實際、難以實現。就算想進入內心世界，編織一個純淨的幻想，偏偏「現實生活」亦步亦趨地跟著他們，用柴米油鹽醬醋茶、同學間的喜訊、臉書上的放閃圖文等，隨時把他們拉回充滿無力感的「當下」……沒有一樣東西是自己能控制的，不管是過去、現在，還是未來。B型人格者必須直接面對「自己的時間不多了」的事實，這使得「存有的焦慮」分分秒秒籠罩著他們，逼迫他們尋找出口。

因此，很自然的，「行動」成了他們的救贖：做點什麼好轉移注意力，暫時遺忘自我。

所以，B型人格者經常處於「近似一廂情願」的狂熱狀態，透過俗世工作、追逐夢想與漫無目的的衝動行為，來釋放自己的焦慮感。

一位自戀型人格者就曾說過：「一到假日，我就會陷於情緒低潮：我不知道要做些什麼，看到自己又老了一天，無所事事，毫無長進，內心滿是罪惡感。我需要上班，我要把所有時間都填到滿為止：對我而言，一連串的開會視察接待一點也不累，反而讓我覺得年輕，體力充沛。我很滿意那樣的自己。我知道他們（部屬）都很怕我，說我是工作狂；朋友也勸我：早晚要面對人生下半場，總有一天我會退休，過著遊山玩水、閒雲野鶴的日子。我一想到那種生活——你別笑——那根本就是夢魘……」

這位自戀型人格者採取的行動是賣力工作，這讓他成為一位工作狂，而社會顯然接受這種行為，因此，行動讓他的本質成為一家上櫃公司的老闆。

然而，不要忘記前面所提過的：「每個人都像是臨時加入一場生命賭局的牌友，接手的是打到一半的牌，不管好牌爛牌，都得打下去。」萬一，你接到的是一手爛牌呢？

那麼，你所做出的行動，很可能就會和剛剛那位上櫃公司的老闆完全不同。以一位自戀型人格女性的回憶為例：

我承認我很叛逆，外婆很愛打我，尤其是我媽連續一、兩個禮拜沒回家的時候。他們都說我很像我爸，天生壞到骨子裡，但我從沒見過他，所以我也不知道是真是假。我五專沒畢業，在一家平價牛排館做外場，從老闆、老闆娘到廚師都很照顧我，那是我最快樂的時候。後來我遇見我前夫，外婆不喜歡他，所以我就離家出走了。小孩快一歲的時候，社會局的人才叫我們去登記，但那時候他已經很少回來了，小孩都是我在帶。等老二出生時，他連來看我都沒有……你說我怎麼過下去的？撐啊！跟朋友借錢啊！那時候我還沒去酒店上班，但我怎麼有臉回家？是我妹先發現我的，她把我拉回去，但全家都把我當笑話。那時我妹在公司已經升主管，叫我去她那邊做；可是我專科都沒念完，哪敢去啊？後來小孩大了，我就去上班了，有了點錢，乾脆搬出來……

女子的臉上看不見委屈與憂傷。然而，當我問到她對未來的期待時，她沉默許久，露出了滿手的刀疤。「沒想過這件事。我不想再生自己的氣。」

女子的語氣始終平淡，講述的卻是關於一個不受祝福的生命，如何不甘心地衝撞著自己的命定，一次又一次付出，最後卻得承受所有結果的故事。關於幸福與未來，是否真如她所言「沒想過」？若是，她就不會來諮商。

一如所有B型人格者，她必須在茫茫人海中「獨自」拿著專屬於自己的牌，把殘局給打完，就算有些結果已注定無法實現（例如要是沒遇見前夫有多好），她也得繼續向前行。

事實上，不管人生際遇為何，B型人格者的經驗總在主體性中完成：永遠在嘗試、與天爭，像薛弗西斯推著巨石上山，即使一再滾落，也要行動下去；而不像多數人一樣，乖乖接受社會分配的角色，安享別人為自己鋪好的路。

我們不能單純透過「B型人格就是〇〇〇」來理解他們；因為B型人格者不斷透過行動改造自己，雖然經常處在焦慮之中，縱然結果有好有壞，即便留下的可能是悔恨，但就算人生重來一遍，他們恐怕還是會這麼做，這就是B型人格本色。

真實與虛幻只在一線之隔

對於一般人而言，關係與感情建立不易，然而一旦建立，就會出現恆常性，不會說消失就消失。愛就是愛，恨就是恨，兩者涇渭分明，雖然可以化解，但絕對需要假以時日，並且經過多次的諒解、寬恕，或是反向的失望、原諒、絕望的歷程。愛與恨如此，是與非、對與錯，又何嘗不是如此？所有的關係、愛憎、感情，都是一步一步慢慢累積的，不會一蹴可幾，但也不會突然之間銷聲匿跡。

B型人格者可不是這樣，對他們而言，說愛就是愛，說不愛了就是不愛，說不愛之後要是改變了心意又愛，馬上就能繼續愛，一點也不受到影響，幾乎沒有一般人的慣性思維。

因此，每當新聞報導中出現諸如「男子先拿出扁鑽捅老婆一刀，然後在警局失聲痛哭，對老婆表示『我愛妳，請妳不要離開我，妳離開我的話，我要去死』；而身為受害者的老婆先是全然原諒對方，然後又詛咒老公是惡魔，應該受到公眾唾棄。等到檢察官起訴時，又反過來為老公說話，說他是世界上最好的丈夫與父親」的戲碼時，大多數人可能難以理解，不明白當事人的腦袋是怎麼想的。

事實上，B型人格者的世界就真如《金剛經》所言：「一切有為法，如夢幻泡影，如露亦如電。」沒有什麼是絕對的，也沒有什麼不會改變的。愛既是恨，也不是恨；緣盡時，親如弟兄者亦如陌路。世事無常，時而為寬恕與涕泗俱下的大和解，時而為咬牙切齒與欲滅滿門的深仇大恨，導火線可能只是擦身的一眼，亦或酒過三巡的不當玩笑，這些對於B型人格者來說都是司空見慣。與佛法唯一不同的是：B型人格者明知虛相幻化無窮，卻還是將七情六欲攪和其中。

B型人格者可能在某天密告你，但幾天後，又毫無罪惡感地跟你見面，稱兄道弟。他未必是裝的，更不是什麼「城府極深」，他可能真的完全沒想過要害你。至於他為什麼密告你？理由可能只是「剛好看到網站上有檢舉信箱，好玩按按看」。不要懷疑，把你搞得雞飛狗跳的大整肅，可能就只是基於一個這麼荒謬的原因，至於後續的懊悔、愧疚，以及惱羞成怒、先聲奪人的指責，甚或恩將仇報，都只是事後為了合理化自身行為才編造出來的。當你咬牙切齒地尋找「答案」，B型人格者只好編出一個個讓你更信服的故事，但真相永遠不明。你可以說他們幼稚，或是像猴子一樣，就算毫無情緒與利益糾結，仍能輕易按下那顆引發終極核戰的按鈕。這就是為什麼B型人格者一旦幹出大事，常常讓人相當震驚的緣故。

B型人格者身上那條真實與虛幻的界線相當薄弱，是與非，愛與恨，真與假，做與沒做，往往是重疊的狀態。當旁人沒進一步追問的時候，他們就好比薛丁格的那隻貓，關在箱子裡，半死半生，既生又死。B型人格者的思想、動機與行為往往也是如此。那些吸金詐騙者還沒捲款潛逃前，他對旁人、粉絲的愛，每一分都是真切的；也正因為真切，所以才特別動人心弦，難以察覺異狀。事實上，在他們決定走上歪路的那一刻之前，往往是被自己無私的愛所充滿，毫無犯罪意識，直到臨界點終於到來——因為東窗事發，他們終於清楚知道自己做了什麼，乾脆一不做二不休，發狠把壞事幹到底。

一位B型人格者對社會產生影響的能力大小，決定了他會是一顆怎樣的不定時炸彈。越是位高權重或家喻戶曉，他的影響力就會越深越遠；有些時候甚至會動搖人們的社會價值。他會不斷累積社會託付給自己的能量，並一次在爆炸性事件中徹底返還。

在四種子人格當中，最容易吸取群眾目光與資源的，自然首推戲劇型人格。這型人格者本來就以別人的注意力維生，越能吸引注意力，他們就會願意做越多演出；至於演出精不精采？吸不吸睛？則要看他的聰明才智與社會資源。社會資源豐富、智慧較高者，若能碰上不錯的機運，自然就會有不錯的表現；但他的「演出」能否長長久久，足以安度一生，並留下美名傳頌後世，則要看個人的智慧與自制能力。倘若擁有的社會資源太多，遠超過他能駕馭的極限，就會開始讓自我膨脹，使得演出越來越困難，到最後，終會迎來「爆炸性謝幕」的一天。

與戲劇型人格者相似的是邊緣型人格者，他們也會出現表演性、作秀性的行為，但「演技」顯然不如戲劇型人格；而且他們又很喜歡分化自己的觀眾，讓觀眾彼此激化，所以常會歹戲拖棚，又是吞藥，又是割腕的，除了害一堆人氣急敗壞、彼此衝突，還搞得雞飛狗跳，甚至火爆收場。就社會影響力而言，邊緣型人格者的影響當然沒有戲劇型人格者來得大，但若是以棘手的程度而言，那絕對有過之而無不及。

反社會型人格正好相反，他們喜歡利用虛實之間的差異來迷惑其他人的心志。比如先是很認真地給出一連串承諾，再淡然地全部否認，等對方快崩潰的時候，才依對方的渴望拋出一些甜頭，不斷玩弄對方心中僅存的一絲希望。

這一切為的是什麼？不為什麼。或者說，吸引他人目光只為了風光自己，挑撥離間只為了認真分化，玩弄別人只為了專心玩弄。如果我們不要為了尋找背後的「真實」而拋棄眼前的「現象」，那麼對於B型人格者而言，每一句話都可以當真——當然，也可能只是隨便說說而已，是真是假，說不定連他們自己都不知道答案。

孤獨只是我的身影

這樣的人，你會想跟他相處嗎？說實話，就連許多B型人格者都不想跟這樣的自己相處了，何況是其他人？

這正是恆常存在於B型人格者身上的一種自我異化：假設此時此刻，所有人都處在一種很嗨的氣氛裡，大家都玩得很開，和樂融融，你中有我，我中有你。

姑且不論這樣的氛圍是怎麼形成的，或許是因為團隊克服了工作上的一個難題，彼此共享成就感，一起沉浸在征服的快感裡。或許是因為燈光美、氣氛佳，大家一同身在朦朧且具有暗示性的氣氛下而感到陶醉，好比在滿天星斗的野外，眾人圍繞著營地的熊熊篝火，感覺彼此同在。也有可能是因為大家一起去做壞事、挑戰公權力，在驚險刺激、腎上腺高度分泌過後的鬆懈後，彼此形成共犯結構、歃血為盟的誓約；甚至有可能只是一群人東倒西歪地躺在房間裡，一同使用注射毒品的針頭，分享吸食著鋁箔紙上的迷幻煙霧，共同體驗墮落沉淪的敗德感……在B型人格者的腦中，所有透過團體所營造起來的集體意識，會隨著時間過去，以異常的速度迅速消散，到最後，留存下來的，可能只剩下一抹殘缺的感覺，甚至是全然的麻木，彷彿連自我也消失似的。

在這種情況下，「孤獨感」成為B型人格者終其一生必須不斷對抗的議題。一般來說，自戀型人格者面對孤獨的時候，是最直接且坦率的，他們會讓孤獨就這樣圍繞著自己，而不去注意別人是否會看見；甚至有時候，旁人還能察覺到他們隱然滿足於這樣的孤僻，因為這會給自戀型人格者一種「高人一等」「遺世而獨立」的感覺。戲劇型人格者對孤獨的耐受力不高，他們會很明快地採取各種手段，比如以各種誇張的言語或舉止來炒熱場子、製造出自己的神祕感、吸引別人的注意力、說一些語不驚人死不休的話……千方百計要減低自己的孤獨。反社會型人格者可能是最能沉靜面對孤獨的一群，他們本身的氣質就較為沉穩，就算內心感到孤獨，別人從外觀上也未必看得出來。邊緣型人格對孤獨的耐受力最低，一旦失去別人的注意，就宛若連自己的生命力也沒了似的。因此，邊緣型人格者對於孤獨、即將來到的孤獨，甚或可能發生的孤獨，都會有近乎歇斯底里的反應。

然而，怎麼面對孤獨，恰好呈現了B型人格者在社會表現上的重大歧異：擁有充沛資源和高度聰明才智的人，可以透過團隊工作、集體行動，甚至是不法的朋黨為奸、官商勾結等方式，破除這樣的孤獨感；至於資源不足或沒那麼聰明的人，往往就得直接面對赤裸裸的孤獨。一方面是社會條件讓他們不見容於這個世界，二方面則是他們也沒有足夠的本事凝聚彼此，共同利用外部事件來消除自身的孤獨。

然而，不管怎樣，只要身為B型人格者，終其一生，都會不斷體會到孤獨感，不論如何描述它，也不管形式為何：口才不好、個性太直、看別人不順眼、耿介絕俗、不同流合汙、有距離感、疑心病太重、做人龜毛……不論任何理由，背後共同的語言，就是「孤獨」。這是B型人格者一生的功課。

病態人格不等式

在理解了B型人格的共通特質之後，接下來將進一步深入了解B型人格的四個子人格：自戀型人格、戲劇型人格、反社會型人格與邊緣型人格。

這四個面向可以和平共存於同一名B型人格者身上，也可以有某幾個面向特別突出，而某幾個面向特別不明顯，甚至幾乎難以覺察。當某個面向取得了主導性地位時，我們就不再使用「B型人格」這個字眼，而改口稱「自戀型人格」／「戲劇型人格」／「反社會型人格」／「邊緣型人格」了。不過，在此之前，我們得先提及一個「病態人格不等式」：

修正因子＝社會資源＋聰明才智＋經濟條件

病態條件：「人格與社會常模的偏差」減「修正因子」大於「社會常態能容忍的極限」

「病態人格不等式」的意義在於說明：活在集體社會中的一個個體，何時會被視為人格違常。

我們先把人格違常（Personality disorder）的原文拆成三個字：「人格（Personality）」「違反（dis-）」與「常態（order）」。我們馬上就能看到，所謂人格違常的出現，不只是個人的問題，還要有社會的參與。舉例來說，倘若社會本身有問題，「常態」過度僵化，那麼人格違常的定義就會過分浮濫。就像一些在自由民主國家看起來不算什麼的舉動，到了專制極權國家，可能就會成為顛覆政權的滔天大罪。同樣的，一名年輕精神科醫師眼中不算什麼的「年輕人率性之舉」，在老古板的精神科醫師眼中，可能統統都會變成「人格違常」的問題。

再進一步看到「修正因子」時，我們可以注意到，一個人的社經地位會高度影響人格違常的診斷。因此我們常開玩笑說：許多達官顯要或國會議員，要不是處於這樣的社會地位，有強大的「修正因子」，不然他的行為舉止還滿像某某病人的。雖然這只是玩笑話，但某種程度上卻也指出了部分事實。

在後續的章節裡，我們將陸續認識B型人格中的各種子人格，而各位也可能發現自己或親友似乎有該種「人格違常」。此時，不該只是單單去看這個人的問題有多嚴重？更應該注意兩件事情：他的「修正因子」如何？「環境要素」如何？請各位以更具彈性的想法去看待事情，而不是馬上對號入座，開始找尋哪個症狀跟對方的言行契合。

如果當事人的問題並不嚴重，依然屬於正常健康的範圍，我們便稱之為「人格傾向」；

如果人格偏差劇烈，已經達到病態，就稱為「人格違常」。而在第三章到第六章的章末，分別會放上各子人格的「人格違常診斷量表」，這是出自DSM-V的標準診斷量表。在這些量表中，我們可以看見人格違常者實際上會有哪些行為表現，以及專業人士在進行診斷時所依循的準則；各位也可利用這些診斷量表進行自我檢測，若發現自己有人格違常的可能性，請盡早向專業人士尋求進一步協助。但是請記得，真正的診斷必須由學有專精的專業人士進行，請勿擅自對號入座。

第3章

孤獨的神祇
——自戀型人格

絕大多數的人一看見「自戀型人格」，馬上就會聯想到：自大、自私、無視旁人眼光、我行我素、不講道理、以自我為中心的麻煩人物。

這種想法大部分是對的，然而，自戀型人格的版本有很多種，有些是大家很熟悉的，一眼就認得；有些可能壓根不會讓人聯想到「自戀」。

典型自戀型人格違常

我們先從經典版本看起。

「等等，不要動！」男子大吼。護理師呆掉了，轉頭看著我。「妳要給我填的是什麼東西？」

「這只是一般的同意書，要進行心理治療時，依照治療倫理，都必須要填寫……」

「這個我比妳懂得多了，少跟我來這一套。你們在搞些什麼把戲，我清楚得很。讓我看看！」男子粗魯地把整疊文件搶了過去，煞有介事地一張一張翻著；看了半天，又一張一張翻回來。「嗯，寫得還算可以，勉勉強強。在臺灣，這種事情就不跟你們計較太多了。」

「那我可以帶您到會談室了嗎？」

「妳這是什麼態度？我都還沒簽同意書，妳就要叫我到會談室？急著賺錢也不是這樣啊！」

護理師有些委屈。「先生，這裡是櫃檯，旁邊就是走道，那邊都是會談室，您說話那麼大聲，我擔心會影響其他人。拜託您，不要再鬧了，好嗎？」

「妳說我講話大聲？妳說我故意在鬧——」男子還想說些什麼，但我直接打斷。「我想，以您的身分，您還不至於會在這種小事上過不去吧。您應該只是想弄清楚狀況。顯然，您一向做事嚴謹。」

「就是說！」男子哼了一聲，轉頭看我，忽然堆起滿臉的笑。「您就是院長？久仰久仰！」

「您客氣了。讓您一直站在這裡，真的很不好意思。我們先到房間裡找個地方坐下吧！」我比了個手勢。男子也就不吭一聲，乖乖跟著來到會談室。

「相信您今天決定前來諮商，絕對不是一件簡單的事。」我開門見山地說。「絕大多數像您這樣有身分地位的商業人士，要有勇氣跨出這一步，是根本辦不到的。」

「就是！我跟我同事說『我一定會去』，但他們沒一個相信，還打賭我不敢。瞧，我這不就來了？我看他們明天要拿什麼臉見我！」男子原本還翻著同意書，索性不看了，直接簽了名，交給正要離開的護理師。

「我今天其實不是為了我自己而來的，是為我那群同事、還有那個豬頭主管來的。我要問的問題只有一個：要怎樣才能跟那群心眼小、容易眼紅、見不得人好、處處都想刁難你、打壓你的小人，生活在一個空間？」

男子講了一個故事，關於他從創業合夥人開始，後來遭到邊緣化，到最後成為單純的股東，但依然在公司位居要津。「這很明顯嘛！就是他們聯合起來排擠我。就因為我掌握關鍵技術，整個公司都靠我，沒有我不行，所以不敢趕我走，恨得牙癢癢的，整天找我的碴。那些搞不清楚狀況的年輕人只會西瓜偎大邊，只差沒鼓掌叫好，背地裡都在說我的壞話，不要以為我都不知道。」

「所以，他們叫你今天來看醫師？」

「對！你說這過不過分？欺負人也就算了，現在還爬到我頭上，說一切都是我的問題，是我自己幻想出來的，沒人在搞鬼；他們都是一片好意，是我自己有問題，我是神經病，我要吃藥！」

「你可以不理他們啊！」

「當然！」男子先是趾高氣昂地應了一聲，停了半晌。「後來總經理說：我不可以拿刀上班，嚇到客戶了。奇怪，不過是一把很普通的金門剁骨刀，那堆人竟然嚇成那樣。我不想讓他難做人，都是多年的老朋友嘛，我就爽快地答應了。留停就留停，老子也沒在怕。只是在家待了幾天，我老婆就突然說她要帶小孩回娘家，也沒說什麼時候回來。我實在悶得慌，心想反正沒事，既然他們要個證明，我就來給院長您看一下。你看我到現在也沒胡言亂語，也沒亂打人，精神應該很正常。我可以走了吧？對了，我要一張診斷證明書，不，要兩張，診斷要寫那個……我網路上查過了，明明有抄下來，對，就是這個，一定要這樣寫，一個字也不能改。麻煩你快一點，我趕時間。錢不是問題，雖然時間還沒到，我付全額鐘點。唉，不必猶豫了，您是權威，說什麼就算什麼，我網路上查過了，就您的收費最貴，我才找上您的，您一定很清楚我沒有精神問題。我坐在這邊等您，您寫快點喔。」

這是一位「典型自戀型人格違常（Narcissistic personality disorder, Classic）」患者，已經到了疾病的程度。光是在會談室相處的幾分鐘，就讓我備感壓力，恨不得早點結束。他一開始在櫃檯的表現，顯示了「處處都是我的權力展示場」，他只在乎自己的唯一來意：取得一張「精神正常」的診斷書，其他的人事物全都不在乎。護理師的感覺，他察覺不到；在走道上大聲喧譁會吵到其他個案，他不介意；他唯一買單的，就是對他膨脹自我的吹捧。

會帶刀到辦公室，不難想見他在公司的衝突已經鬧到多大；而他還沒被開除，也相信是公司自有考量，無論是創業夥伴念舊、他握有公司把柄，或者是其他，但應該不會是如他自吹自擂的：他太優秀了，沒他公司會倒。然而，他完全不認為問題有可能出在自己身上。

比較有意思的，是姿態這麼高的他，為何要「屈服」於公司，來「索取」一張診斷書，以做為恢復上班的條件？其實，在沒人看見時，他未必真如外表那麼強勢，尤其在老婆帶小孩回娘家、得獨自面對空蕩蕩的屋子，而且日復一日的時候，他是否曾經痛苦後悔過？如今的踞傲姿態，是否只為了掩飾內心巨大的挫敗感？當然，我是沒有機會從他口中聽到這些的。

不過，從他身上，我們可以看見傳統概念上的自戀型人格，特別是已經達到「自戀型人格違常」的患者。自戀型人格的表面特質包括了：

一、只關心自己，完全不在意別人。不但無法同理別人，甚至無法感受別人的存在，對他而言，全世界只有他一個人，其他人都只是工具。

二、自覺帶有天命，深信自己的言行舉止能力都是特殊的，容易對自己的能力、魅力、影響力評價過高，並與現實有明顯落差。許多自戀型人格違常的患者，在終於得面對現實時，會顯得極度崩潰，不少人會指控別人從中作梗，將自己的挫敗感轉為怒氣，發洩在別人身上；另外有些人則採取逃避的方式，完全不想面對。

三、控制欲強烈，喜歡命令別人，態度傲慢而無禮，容易與團體其他成員發生衝突，且難以覺察到是自己的問題，反而會認為是別人在針對他、嫉妒他、處處打壓他。

非典型自戀型人格違常

然而，如果我們認為自戀型人格都是這個樣子，那可就大錯特錯了。東方社會裡的自戀型人格，可以用一種完全相反的姿態出現在你我身邊，讓人難以覺察到他們的存在，是「非典型自戀型人格違常（Narcissistic personality disorder, Atypical）」：

「我經常跟他們幾個孩子說，我們做人要謙卑，知足常樂。」一位婦人靜靜地說。「我們的生活雖然比人家好過，不用為張羅三餐煩惱，但世界上還是有很多很辛苦的人，我們不要為難人家，要給人家方便。每次看到那些辛苦人，我總是會很難過，很自責，恨自己能力不夠，不能幫助他們過更好的日子。後來有一位朋友的孩子要出國，家裡經濟出了狀況，正想放棄，我二話不說全額資助，直到他拿到學位！」

她就用這樣的語氣，一口氣講了三十分鐘，完全沒有要停下來的意思。「你知道那孩子發自內心的那句話，讓我聽了有多感動嗎？我這個人，不用名牌，不跟人比較；別人傷害我，我也不會記仇。我唯一的心願，就是看見別人好，這樣我就開心了……」

我忍不住打斷她：「那妳女兒為什麼搬出去住？」

婦人臉色大變。「她就是不懂得感恩！不了解我的苦心，不只她，他們幾個姓陳的都跟他爸一個樣，沒血沒淚。因為知道他爸好說話，開口就有錢，所以全護著他。我這一生全都奉獻給這個家，三個小孩都是我一手帶大，他們的爸爸除了會在外面玩女人，還會什麼？我每天從早忙到晚，結果現在三個都黏著爸爸黏緊緊的，根本沒人在乎我！」

「但妳不是說，那時候妳得憂鬱症，想從後面花園的陽臺跳下去，結果兩名外傭趕忙抱住妳；孩子們個子不夠高，只能抱住妳的腳大哭，求妳不要跳？妳老公不也馬上從上海趕回來看妳？」

婦人竟然笑了出來。「其實，我是故意嚇嚇他們的，我才不會笨到真的跳下去，那多丟臉！我是要讓他們明白，有個愛他們的媽有多重要。做人要懂得珍惜，不要等到失去了，後悔也來不及。至於先生嘛，他在外面賺錢很辛苦我也知道，但我就是看不慣他那張嘴臉，動不動就說：『沒事？太悶？太閒就去找朋友聊天啊！就去學東西啊！』他又不是不知道，我不喜歡跟那些三姑六婆東家長西家短，講一些沒水準的話。而且我又沒啥嗜好，還一直催我去學畫畫學唱歌，我就是沒興趣啊！」

後來，從這位婦人的先生口中得知，她本來有項唯一的嗜好，就是跟著那些三姑六婆東家長西家短。但不知道怎麼回事，有天她氣沖沖地回家，鬧脾氣鬧了一個月，從此再也不去找那些朋友。聽說是弄錯了一道菜的吃法，當眾被羞辱了一番，她掀了桌子，起身就走，揚言對方如果不道歉，她就再也不跟對方說話。結果對方一直沒道歉，而她那個月一直守著電話，坐立難安，憂鬱症就是從那個時候開始的，一直服藥到現在，也試過各種偏方或求神問卜，一概無效。

「他們從來沒搞清楚，我要的是什麼。」婦人恢復平靜。「這些年來，我過得並不快樂，但是沒關係，我不在乎。我是個沒用的人，我什麼都不會，就算死了也沒有關係。我唯一的樂趣，就是看見別人快樂，那我就快樂了。沒有人能明白我的心情。雖然遺憾，但是沒關係，這點苦我願意承受；大家的問題，都讓我一個人來承擔就好了。我扛得起，我一點也不怨天尤人。」

從大女兒口中得知，現在的媽媽最讓他們困擾的，就是整天在家裡怨天尤人；除了退休的老爸，沒人願意跟她住在一起。小女兒剛回國，自告奮勇嘗試和爸媽同住一個月後就受不了，逃難似地搬了出來。

「從小，我們就是看著媽媽發飆、鬧情緒、鬧自殺長大的。」小女兒說。「後來聽說她有去看醫生，醫生說她是憂鬱症，定期服藥控制。狀況是有比較好一點，但她還是天天抱怨沒人理她，大家都丟下她一個人不管。可是我們都有自己的事情要忙啊！醫生建議她培養自己的嗜好，但她統統拒絕：學油畫，她說那是花錢學塗鴉；參加社友夫人合唱團，她就說那是過了賞味期的花瓶在臺上自取其辱；學電腦，她連滑鼠都不會用，竟然去報名技能認證班，然後一堂都沒去，才哭著說教材她都看不懂。她只願意縮在家裡唉聲嘆氣，怪我們幾個小孩拖累了她一輩子，她的心情都沒人能懂。老實講，我們也不想懂……」

這是個常見的故事，在正常狀態下，她一定會被當成憂鬱症，然後怎麼治也治不好，連家屬都被她煩到一起罹患憂鬱症。

有一句很常聽到的話，雖然通常無濟於事，卻能點出箇中關鍵：「自己不願意走出來，別人也沒辦法。」但問題是，從哪裡走出來？

如果是指從她的「自戀」中走出來，那這句話就說得太漂亮了。

雖然她滿口說著自己熱心助人，「看見別人快樂，我就快樂」，但她沒說的是「因為有我的幫忙」。某種程度上，她是把自己當成觀世音菩薩在看待的，只不過，她在乎的不是別人的苦難，而是自己救苦救難的能力與特殊身分。

所以，對於別人家的小孩，三年學費全出也無妨，因為能成就一段傳奇般的佳話，以及自我感覺良好；但自家孩子抱著自己的腿，聲嘶力竭地大哭，她卻不心疼，因為她要讓小孩領悟「珍惜媽媽有多重要」的真理，順便確認一下老公是否依然聽話。

唯一沒在她計畫之中的，是那段丟光顏面的貴婦趴。她從未想過，自己會在眾人面前被逼得下不了臺，還做出無可挽回的舉動：翻桌走人，並以絕交來威脅對方道歉。

觀世音菩薩露餡了，還完全沒臺階下。自視甚高的她做夢也沒想到：這些沒文化、沒慈悲心、只有幾個臭錢的女人，竟然能將她踹下蓮座，讓她一敗塗地，輸到不能再輸的地步，讓玻璃心徹底碎裂。她去看了醫師，拿到了「憂鬱症」的診斷。從此，她一邊努力地想爬回蓮座，繼續當她的觀世音；一邊兼差當個「職業病人」，認真生病——「憂鬱症」這個藉口的用途可多了，比虎標萬金油還好用：如果沒有憂鬱症，她怎麼會做出這種蠢事？她怎麼會一反常態，整天縮在家不出門？要不是看在她生病的份上，老公可能早就被鬧到想離婚了，而小孩怎麼跟別人解釋，自己的媽媽每天無所事事待在家裡，也從不參加學校或家族的活動？

她也是一位自戀型人格違常患者，只是不像第一位那麼嚴重而已：雖然不盛氣凌人，但是更難纏、讓人更頭痛。看似處處為他人設想，但別人只是成就自己的工具。在她的世界裡，慈悲、施捨、代人受苦變成一種優越的表徵，因為那是凡夫俗子做不到的事，只有「帶天命」的她，才能一肩挑起這樣的重責大任；至於凡人都能學的嗜好，對她卻變得無比困難；就連學電腦，她也要從專業的技能認證班開始，眼高手低的結果，只好以逃避收場。

自戀型人格傾向

目前為止，我們看見的都是人格違常的狀況，那麼，更常見的自戀型人格傾向者會是什麼模樣呢？出乎意料的，我們可能會見到一個截然不同的樣貌。儘管一樣以「自戀」為基礎，但人格違常者常常為難別人，人格傾向者卻容易為難自己。那些為數更多的自戀型人格傾向者往往受困於自己的人格特質，作繭自縛，深陷於長期的孤獨感與悔恨。讓人很難想像，他們都同為自戀型人格；唯一的差別只在一個是人格違常患者，一個不是。

「我是超級句點王。我只要開口，所有人馬上沉默。臉書也好，LINE也好，真實生活也好，全都一樣。我不知道哪裡出了問題。」憂鬱的年輕男子說。「連在網路上發言，都會跑出一些我沒見過的酸民來酸我，講得很難聽，可是我根本不記得自己何時得罪過他們。現實生活也一樣。有一次，我在跟別人說話，冷不防一個同學走過，撂了一句『跟他說這麼多沒用啦』，人就走了。」

「你覺得他們為什麼要這麼做？」

「我覺得他們有點瞧不起我。也許是看我比較老實的樣子吧？反應沒有他們快，所以故意不理我。其實，從小就是這樣，我總是落單，每次活動分組的時候，我都擔心沒人要跟我同一組；聊天的時候，同學也都把我當空氣。我很討厭這樣子，所以拚命考上第一志願。沒想到，上了大學之後更嚴重。班上同學幾乎不理我。社團同學更怪，一開始大家對我還算好，我也覺得比較自在；但時間久了，其他人各自熟識，我還是孤伶伶一個人，沒人來邀我。」

這個憂鬱的大男孩講了一大堆關於他的故事，多半是他對這個問題的各種推論，除此之外，就是他對世界的各種看法、個人夢想，以及將來想要做的事。我刻意引導他談談自己，意外發現他的興趣相當廣泛，從社會不平等、階級世襲、教育改革、政治體制、同志議題，甚至連精障患者標籤化、英國脫歐等，他都有許多看法，而且有不少相當獨特的見解。有趣的是，一說到這些，大男孩彷彿忘了原先的憂鬱，眼中閃耀著光芒。「總之，我將來一定要功成名就，讓他們後悔，當初不應該這樣冷落我！」

我慢慢明白他的問題所在了。「你從大學開始就對那些議題感興趣，可是你在大學參加的社團，卻沒有一個跟興趣有關，為什麼？」

這名男子頓時語塞，支支吾吾地解釋半天。

「你有沒有想過一件事？你並不是找不到志同道合的朋友，而是故意避開他們？你的興趣雖然很廣泛，但你對自己沒有信心。真要你加入某個社團、跟一群同好在一起時，你反而會擔心自己懂得是否沒人家多，怕自己講的話太膚淺。所以，跟一群沒有交集的人在一起時，儘管沒人想聽你說話，但至少你是獨一無二的，而你就是喜歡這種感覺：雖然孤單，但至少安全，還可以隨你亂掰，反正沒人懂。」

我依稀可以聽見玻璃心破碎扭曲吱嘎作響的聲音。

自戀的性格讓他無法忍受「自己也會犯錯」，但他不像患者那樣罔顧事實、指鹿為馬，所以得設法隱藏自己出錯時的窘態。他選擇了一個很糟糕的解決辦法：找對方最不感興趣的話題來聊天。對方因為沒興趣，自然也不熟悉相關的議題；就算他講錯了，也根本分不出來——坦白說，也沒興趣指正。比如對愛車族說哪裡買貓砂最便宜、向貓奴講述引擎傳動系統原理、在哲學討論群組大談「保時捷九一一」。結果不用想也知道，客套幾句之後，對方必定想閃人，或是一片沉默，甚至直接翻白眼。

於是他成了一名怪咖，總說著「時地不宜」的話，有時還會激怒別人，認為他故意搗蛋，因而招致攻擊。此時，他也只能激勵自己：「他們都不了解我，大家都否定我、看輕我，一如史上許多偉大人物在發光發熱前，都曾經歷過的那段落寞歲月。總有一天，我終將讓你們跌破眼鏡！」

更糟糕的是，如果有人對他伸出友誼之手，或者試圖親近他，他反而會落荒而逃，因為他對自己的期待跟神一樣高，不願意被人發現自己不夠完美，使得故事就此陷入無解的僵局：他們期待被了解，不斷努力發光發熱，希望引起別人注意；等到夢想成真，他們又開始害怕被了解，加速逃離，再去尋找另一個全新而陌生的領域，上演下一段被拒絕、忍受、與努力的故事。

事實上，每個自戀型人格傾向者都各有心中永遠的痛：扛不起的面子、搞不定的心情、分不清的人我界線，往往把他們逼到無路可退的牛角尖。你在他們身上找不到一絲傲慢自大的痕跡，相反的，他們親切客氣到近乎卑微，只為了深藏心底那不欲人知的故事。

幾位敏感的個案在他們的自我剖析中，精確地勾勒出自戀型人格傾向者遭遇到的各種困境：

我總覺得自己一生都在努力，努力再努力，無止境地鞭策自己，希望自己可以像神一般完美。可是，當別人開始讚美我的時候，我又開始感到恐懼與自疑，害怕被人發現任何破綻。如果心情好，我可能會得意地接受別人的讚美、炫耀自己、吸引別人的目光；等到心情變壞，我又會罵自己豬頭，為什麼要沒事找事做，找這麼多人來挑我毛病幹什麼？

我很難有朋友——不是說他們不跟我交朋友，而是我常常懷疑自己是否夠格當他們的朋友。每當心情不好，我就很擔心別人發現我只是草包一個，什麼都不是，什麼都沒有；然而心情好的時候，這些想法就全都沒了，我會覺得自己很行，會去結交更多朋友、海派地答應更多事情。雖然我知道，等到明天心情一轉壞，這些承諾統統會跳票，我再也不想見這些朋友，但當下就是控制不住。

或許真如你所說的，我把別人都當成自己的一部分，但別人可沒把我看得和他們自己一樣。我把他們當成自己，所以無條件地付出，不求回報；但當我向別人求助時，他們卻縮手了，因為他們很清楚，我是我，他是他，他們沒有必要幫我。醫師說得很對，自戀型人格並不自私，只是看不見別人，看見的都是自己，所以也只會用愛自己的方式來愛別人。在遇到您之前，我好幾次絕望到想自我了斷，也不明白自己前世是造了多少孽，這輩子要這樣被人家糟蹋——掏心掏肺到這種地步，得到的回報竟然是這樣！

各位不妨回頭從第一個案例開始看起。同樣是自戀型人格，人格違常與人格傾向的表現竟然如此天差地別。相信大家應該比較能理解，在書寫上，究竟要站在保護旁人免受人格違常者傷害的立場？還是要從協助人格傾向者掙脫牢籠、重啟人生的角度？真是難以斟酌的一件事。

最後，我將自戀型人格的「核心特質」整理如下，各位不妨與先前的「表面特質」拿來互相比較：

一、自戀型人格者有個過度膨脹的自己，但這不是當事人自己能控制的。當事人終其一生都得扛著這麼巨大而沉重的自己。對外來說，是一張放不下的老臉，對內來說，則是一顆碰不得的玻璃心。

二、自戀型人格者並非自私自利，而是眼中只有自己，他們會把所有人都當成自己來對待，過度關心、沒有界線，甚至當成自己來控制（控制欲）。當他們發現別人跟自己切割得很乾淨時，通常會相當崩潰，覺得自己遭背叛而憤怒，且對別人為何這麼做感到不明所以。

三、自戀型人格者對自己的期待過高，患得患失，會嚴重影響心情。當事人不斷尋找能支持「我很優秀」的證據，倘若有，心情會變好，表現得過度自信；倘若遭到挫敗，或是現實的打擊，則會轉而崩潰。

四、有些時候，自戀型人格者可能根本不願意面對現實，會想出各種方式來逃避。就像那位年輕男子，特地挑最不恰當的話題來講，以提高自己的安全感。這種行為往往會讓人際關係更惡化，讓誤解更嚴重。

自戀型人格違常診斷量表

從成年期早期開始（通常指近二十歲到三十歲之前），在行事作風中明顯可見：自戀性幻想（或行為）、對於被阿諛讚美的渴求，以及同理心的匱乏。具體的界定方式，就是在下列九項要件中符合五項（或以上）：

一、有一種「我很重要」的自戀感，例如：刻意誇大自身成就與天賦，期待被稱許為卓越者——即便沒有相稱的成就做為佐證。

二、無止盡耽溺於想像中的成功、權力、顯赫、美貌，或理想化愛情的追求上。

三、堅信自己是特別的、獨一無二的，自己的真正價值也僅有少數「伯樂」能理解；或者，應該被歸類到那些特別的、高端的卓越人士或組織。

四、對讚美的渴望超過一般人。

五、認為自己有某些特權（例如：在毫無理由的前提下，相信自己應該得到特殊待遇，或別人會主動順從自己心意）。

六、掠奪性的人際關係（例如：利用別人達成自己的目的）。
七、缺乏同理心：沒有意願去覺察或認同別人的情緒與需求。
八、時常妒忌別人，或者，認為別人嫉妒自己。
九、顯現出自大、傲慢的行為或態度。

第 4 章

找不到自己臉孔的演員
——戲劇型人格

「我覺得他的憂鬱症已經很嚴重，但是，他一直不願意來，我實在很擔心。」一對年輕夫妻坐在會談室中，先生始終不發一語，太太則已淚流滿面。「不知道有沒有什麼辦法可以勸他接受治療，不然這樣下去……」

「沒有用的。我的問題沒有解決的辦法。我自己很清楚。」年輕的丈夫突然開口，轉頭看了太太一眼。「因為我太愛我太太了。我無法承受那樣的結局。她會很難過。我看了心會很痛。我無法承受，但我又不得不那麼做。」

「他說他要離婚。」太太說。「他說知道我會很傷心，但他必須聽從內心的聲音，因為他漸漸感覺不到對我的愛了。他不知道再這樣下去，兩個人要怎麼繼續生活。他叫我早點去找另一個對象，不要辜負我的青春，但我不想連試都沒試就放棄。」

「你何時開始感覺不到你對太太的愛？」

「就從三年前婚禮時的爭吵開始。」男子講了一個長輩強行干涉年輕人婚姻儀式的傳統故事。「我沒有生氣，只是冷掉了，就像整個人逐漸被黑洞給吸光似的。我沒力氣對抗了，受夠了，但這不是我太太的錯，我知道。」

「你是在那時候認識她的嗎？」太太突然單刀直入。

「就說跟那女人沒關係。」男子皺起眉。「我會跟她上床，是因為我想找回對愛情的熱情，但那是另外一回事。問題在於我對妳的愛持續消失，這讓我很難過，但我也沒辦法，每當我想到妳一個人孤單想著我的樣子，我就難過到快要死掉。可是妳不讓我離婚，兩個人勉強在一起讓我更難受。」

「既然你說不愛她，那為什麼我們不能一起努力，重新來過？」太太緊握先生的手。

「那個感覺不見了。逝去的美好時光不會再回來了，就像熄滅的火種，再也點不起來，我對妳已經沒有熱情，在一起的每一分每一秒都很痛苦，我憂鬱了，生不如死……」

這是在演哪齣？我在內心嘀咕著。「那女人抱著你的孩子來找你嗎？」

男子呆住了，許久，才點了點頭。太太也呆住了。我決定當機立斷，請先生暫時離開會談室。

「您說這不是憂鬱症，那我就不知道該怎麼辦了。」太太激動地說。「我不明白，他怎麼突然像換了一個人似的，我幾乎不認識。我以前的個性比較封閉，就像關在一個小房間裡；他像個魔術師，從牆上的畫中走進來，開了窗，讓我看見了世界。他做的每件事，都讓我驚奇萬分；不管說什麼，我都覺得很有趣，每件事情都跟做夢一樣——一直到婚禮發生那些事，他突然大發雷霆，整整一個禮拜不理我，之後跟我的關係就一直怪怪的。我最近才從他口中得知外遇的事情，而且到剛剛才知道他有小孩！我該怎麼辦？為什麼會這樣？他根本是兩個完全不一樣的人，醫生，他中邪了嗎？」

「不，妳遇上了一個戲劇型人格違常的男人。」

戲劇型人格違常

有一句話是這麼說的：「戲劇型人格者如果注意著你，你將是全天下最幸福的人；如果他把注意力從你身上移開，你馬上會從天堂掉到地獄。」

不管任何場合，戲劇型人格者總有辦法吸引所有人的目光：他們把日常生活當成舞臺，自己是主角，其他的人全都是觀眾，而他們的一舉一動也都是某場演出裡的一個橋段。時而演出古裝劇，時而是現代劇，時而是家庭倫理大悲劇，時而又上演歡樂闔家歡。戲與戲之間的切換就像轉換頻道，卻連按個鈕都不必。儘管不動聲色，但行止間，劇情已轉，沒有人知道他們此時此刻正在上演的是哪一齣戲——甚至，連他們自己也不知道，因為戲劇型人格者根本不知道自己在演戲。他們總是很「入戲」地把所有情緒、氣力與動作都投入自己的演出，演到精采處，甚至還會被自己感動——只是維持不了多久，又會被下一齣戲覆蓋。

他們這麼做的唯一目的，就是吸引大家的目光，至於是正評或負評，他們並不在乎。因此，使用挑釁或充滿性暗示的態度與別人互動的情況並不少見，也常挑起各種爭議事件。另外，為了吸引別人注意，戲劇型人格者樂於用誇張的言行來表演，以增添自己的吸睛度，但這往往會讓人覺得他們的言行舉止太過表面、膚淺、不夠真實。

在某種程度上，群眾的注意力本身，對於戲劇型人格而言就是一種能源：越多人注意，他們的演出就越精采；然而，也因為太在乎群眾的反應，使得戲劇型人格者很容易受到別人影響或集體暗示，也很難讓心情保持在穩定的狀態。

從主觀的角度來說，戲劇型人格者是很「真誠」地在演出每一齣戲，不過因為同時軋了很多戲，所以他們也可以在同時間集數種「真誠」於一身，彼此互不衝突，特別是偏差到戲劇型人格違常的時候，患者會毫無自覺地讓多重真實存在於一身。

如果各位夠仔細的話，就會注意到：這位丈夫在說出外遇情節時，是如此自然，毫無遲疑與保留。即便身旁坐著自己的太太，依然能將外遇情節主動交代得如此清晰：「……我會跟她上床，是因為我想找回對愛情的熱情，但那是另外一回事。問題在於我對妳的愛持續消失，這讓我很難過……」這段話聽在一般人耳裡，難免會納悶：為了找回對愛情的熱情，所以要跟另一個女人上床？這是哪門子說法？為什麼他可以這麼振振有詞，還可以坦然自若地繼續說「那是另一回事」「問題在於我對妳的愛持續消失，這讓我很難過」？如果是一般玩弄感情的人渣，在面對自己的殘忍時，會流露出冷酷的感覺，但這位丈夫根本沒察覺到自己的行為有任何不妥，理所當然地講了下去。

何故？關鍵就在於戲劇型人格違常者的真實世界，不過是許多場戲所組成的：深愛太太的那個「他」，和與別人外遇的「他」，是不同戲裡的男主角，彼此不衝突。因此他認為：當自己對太太失去熱情時，到另外一個世界裡找另一個女人來驗證，是合情合理的，沒有什麼好大驚小怪。此時的他，對太太完全沒有同理心，也根本不知道這舉動帶來的傷害有多深。

他口中所說出的話語，彷彿在展現自己有多麼在意太太似的，但任誰都看得出來，隱藏在那堆華麗而膚淺詞藻背後的，就只是「我想離婚」這四個字而已。真正的原因不得而知，很可能是外遇對象抱著小孩來威脅他，甚或是對方手中還握有更多把柄，讓他急著想處理掉原有的婚姻。

但是讓太太困惑的，是他以前並不是這樣的人，為何會突然變了？在這裡，我們得提一下「聚光燈式同理」的概念：

戲劇型人格違常者既然把生活當成舞臺來表演，就一定有被他認定的「觀眾」，他的所有演出也都是為了他們。演員的一切不就是為了觀眾而生嗎？只要能贏得觀眾的驚奇、讚嘆、如痴如醉、滿場掌聲，戲劇型人格者願意費盡心思搏命演出，細心呵護觀眾的每一絲感受；然而，一旦你不再是他的觀眾，那麼很抱歉，你對他而言便什麼也不是。戲劇型人格違常者的同理心好比聚光燈，被他們照射到的時候無比溫暖；當他們將燈光移開時，就會讓人感受到有如從天堂掉入地獄的寒意。

從太太的角度來看，這是何等殘忍：她見過一個如此溫暖、風趣、熱情、開朗的先生，然後，一夕之間，一切都變了。只因另一個女人的威脅，她失去了「觀眾」的身分，來到了「後臺」，她看見戲劇型人格違常者華麗外表背後殘酷的真相：毫無同理心的對待、粗糙的謊言、近乎兒戲的親密關係處理。

「我該怎麼辦？」太太問。「他真的愛過我嗎？」

望著這位年輕女子混雜著期盼、焦慮與絕望的眼神。「我只能說，妳所經歷過的，對妳而言全都是真實的。至於他，他曾經相信自己深愛著妳，但他並不知道如何愛人，也未曾愛過任何人——無論是妳，或是那個女人都一樣。他只是想持續獲得熱情的掌聲與全部的注意力。」我說。

跟一位戲劇型人格違常患者談論「真實」是沒有意義的，因為對他們而言，在每一場戲裡，他們都是真心的，至於戲與戲之間的矛盾，他們並沒有能力自我覺察，正如所謂的「真實謊言」。這是他們的病態所在，也是比「惡意欺瞞」還要可怕的狀況：正因為戲劇型人格違常患者無法察覺自己行為前後的不一致，所以從他們主觀的角度來看，自己是真誠、不作偽、毫無保留的，內心當然也不會有罪惡感或焦慮感。至於前後說法不一致，雖然理性上隱約能感覺到似乎有什麼不太對勁，但也不過是日常生活中不斷發生的事件：下了一齣戲，再上另一齣戲而已。縱然時代背景、人物設定多少有點出入，反正沒什麼大不了的，早就司空見慣了，人腦的認知功能很快就能將之合理化，不會在記憶裡留下什麼印象，更不會因此學到什麼教訓。

可想而知，他們的言行舉止很容易表現得不一致，人格偏差程度越嚴重的患者，不一致性會越強烈，自我覺察的能力也會越低，低到甚至連當事人都會反過來質疑：「別人為什麼總是不相信我所說的話？我所做的事？」並為此感到沮喪或忿忿不平。

就以前面那位丈夫為例：與其說他曾真心愛著太太，不如說他非常認真地演著一齣『深愛妻子』的愛情童話。劇中的他，有如童話中風度翩翩的王子，牽起了不經世事的女主角的手，走向花花綠綠的世界，帶給女孩許許多多從未有過的美好。然而，婚禮中長輩的介入讓童話下檔了，取而代之的是歌頌情欲自主的新時代愛情文本。於是，他太太再也找不到那位王子。直到外遇對象抱著孩子出現，「我要活下去」的生存實境秀立刻上檔，不善於說謊的他，馬上搬出各種拙劣的藉口想要脫身。

此時，我們又看見了戲劇型人格違常的另一個特點：以自我為中心。在劇中，不管他們表現得多麼符合忠孝節義，又有多少百轉柔情，也不管現實生活中，他們有多在乎觀眾的看法，一旦遇到危及自身利益的事，他們馬上出演「大逃亡」，棄卒保帥，先保護好自己再說。畢竟，戲劇型人格違常者在乎的，永遠只是觀眾眼中的「自己」，至於觀眾的事、別人的事，只要跟自己無關，他們統統不在乎。

最後，我們列舉戲劇型人格違常的幾個表面特質如下：

一、情緒、行為反應的變化極快，誇張而不真實，宛若演戲一般。
二、自己如果不是眾人矚目的焦點，就會非常不舒服。
三、非常在意別人的眼光，也會主動利用各種方法來吸引別人的注意力。
四、容易透過具性暗示或挑釁的言行態度與別人互動。
五、經常說一些令人印象極為深刻的話，卻缺乏實質內容。

六、容易被暗示或煽動，但相對的，也擅長暗示或煽動別人。

七、容易過度高估自己的親和力，但實際上卻做不到。

戲劇型人格傾向

具有戲劇型人格傾向的人相對容易在現今社會中脫穎而出。多少政治明星、網紅、名嘴、心靈導師、活佛大師，或多或少都帶著戲劇型人格傾向。他們原本就有吸引他人目光的強烈動機，也喜歡說一些能夠打動群眾內心、卻毫無實質內涵的話語。在這個資訊爆炸的年代，他們的人格特質與做法都很能掌握那有如白駒過隙的片刻，搶得話語權，在短時間內竄紅，贏得廣大粉絲的支持。

更可怕的是，從媒體的角度來看，流量就意味著廣告收益；簡單來說，越紅的人越值得曝光，如此一來的結果，就是不管哪一種媒體，你都會看到一大堆他們的節目或新聞，不想看都不行。

不妨現在就來做個實驗：就在此時此刻，請打開 YouTube，點選「發燒影片」，就能看到這些影片充斥著擁有戲劇型人格特質的人物，或他們衍生出來的用詞、故事與標題，諸如：「一分鐘學會 XXX」「全面大崩壞」「萬人淚崩」「網友全跪了」等等誇張、挑逗、吸引注意力的文句。

戲劇型人格傾向者與你的距離就是如此接近，而且天天都會出現，正因為太過熟悉，我們反而無法覺察到他們的存在。

我們很難分辨，究竟是群眾需要他們，還是他們引導著群眾。唯一確定的是：這是一個你情我願的過程。試想，當你站在凱達格蘭大道上，無視寒風刺骨或烈日當空或大雨磅礡，路上擠滿來自各地的男女老幼，也不斷傳來「人數已破〇〇萬人」的消息。此時，每一雙眼睛都望著你，你的每一個動作、每一句話都會引起驚天動地的回響——如果沒有戲劇型人格傾向，我想，恐怕還挺不住這樣的場面。

然而，光是具備戲劇型人格傾向，並不代表對方必然擁有同等高度的語言表達力、群眾心理駕馭力、臨場反應、運籌規畫力，與情緒管控力，更不代表他必然擁有恰到好處的天時地利人和、社經地位，以及各方面的背景條件。因此，戲劇型人格傾向者到底會有什麼樣的發展，將受到「能力」與「資源」兩者的限制。倘若將「戲劇型人格」視為一場高速賽車，

「能力」就是賽車手的駕駛技術。

但為數最多的，其實是資源不足的戲劇型人格傾向者，他們往往分布在社會各個風險偏高的角落裡，從事八大行業、演藝事業與新創產業的比例也相對較高，在網路當道的年代裡，能力較強的戲劇型人格傾向者，藉此獨創一番事業或嶄露頭角者也不在少數。

相對的，少數資源充足的戲劇型人格傾向者就有如性能卓越的跑車，需要更高超的技術來駕馭，倘若能成功，自然大放異采；如果心理強度無法承受，或是他的能力駕馭不了，那麼結果可能就是一場悲劇。

所以，戲劇型人格傾向者的生命故事往往趨向M型化，若非大好，就是大壞，甚或在蓋棺論定前，都還很難論其功過。就像不久前曾發生某知名網紅集資捲款潛逃的事件，在爆發之前，粉絲們根本不相信會發生這樣的事情，直到圖窮匕見，最後的那一刻到來，人們才赫然發現，原來一切完全不是原本想像的那樣，所謂的美好，不過是由一幕又一幕的戲串連起來的罷了。

不過，當我們反向思考：倘若時光倒流，該網紅能將財務狀況掌握得宜，讓金錢缺口不至於大到收拾不了，那麼，即便外表呈現出來的美好只是一齣齣成功演出的舞臺劇，但在經過幾十年時間的考驗後，她安全下莊了，世人又會怎麼看她？所有的美名是否依舊？答案恐怕是肯定的。

真與假的界線究竟在哪裡？戲劇型人格傾向者不斷挑戰我們對「真實」的認知；但有意思的是，同樣的問題，也困擾著他們自己。

曾有一位小有名氣的命理老師為了小孩的課業來找我。談論到自己的工作時，對方很直白地嘆了口氣：「不管我說什麼，我都有把握讓別人相信；唯獨沒辦法說服我自己。就像你說的那些，其實我都知道。從理智上，我完全明白這個小孩的學業表現很傑出，行為也很乖，不會走上我當年的路；但是在情感上，我內心會一直有個聲音不斷質疑我：少來了，你又想拿那些話術唬人了。」

戲劇型人格傾向者無可避免地會陷入自我懷疑的矛盾中，因為他們把自己的人生當做一場永無止境的表演。我們自然可以預期：他的言行舉止趨於誇張、充滿戲劇效果，好用來吸引別人的注意力，卻缺乏真實感。與患者不同的是，他雖然能意識到言行的膚淺與浮誇，卻無法控制自己不這麼做；相反的，越是知道自己的言行很有說服力，越會懷疑自己是不是又在欺騙自己。

「你可能很難想像，至今我仍然非常在乎別人相不相信我說的話。」一位藍鑽級直銷商說。「雖然，從他們的表情與動作來看，我很有把握：我說什麼，他們就信什麼。但越是這樣，我就越焦慮，焦慮忽然有一天醒來，我會失去這樣的能力。如果真是這樣，我要怎麼面對別人和往後的日子？另一方面，我也在自我質疑：『我是在跟魔鬼打交道，我根本就不該站在那裡說那樣的話，我是不是根本只想賺錢，什麼分享、愛、榮耀的全部是鬼扯？』我也曾經試著離開那環境，但馬上就失去了所有的熱情與精力，變成一個萎靡不振的廢物。我發現自己只有站上那舞臺，才會像換了一個人似的，馬上充滿能量，活力旺盛，熱情洋溢。但這點讓我越來越害怕。我得越來越投入，才能繼續感到精力充沛、沒有恐懼……我是不是生病了？」

儘管戲劇型人格傾向者會畏懼自己的能力，但他的演出若是不得青睞，焦慮度就會急遽上升，動作也會變得更誇張。有時候，他們的暴衝行為，甚至會讓自己或他人置身險境。

過去就曾傳出國外直播主為了講求效果，在車輛行進間，把頭伸到車窗外，還回頭對著攝影機唱歌、講笑話、扮鬼臉，結果突然有根電線桿快速逼近，直接撞上她的腦袋，直播主當場爆頭身亡，接著畫面一片漆黑，只剩下路人的驚呼與救援的聲響。整個過程在網路上直播，不少粉絲受到嚴重驚嚇，甚至傳出有人出現創傷後症候群的身心反應。戲劇型人格傾向者為求效果而付出的代價，可能是他們始料未及的。

即便很僥倖的，並沒有做出什麼太瘋狂的舉動，也沒發生什麼不好的事情，然而到了最後，要是所有的努力終歸無效，戲劇型人格傾向者還是很可能會整個人陷於崩潰狀態，變得畏畏縮縮、盡可能減少社會互動、退縮在某個角落裡，過著自我放逐的日子。

一位企業家在經過某次重大打擊後，變得一蹶不振、意志消沉——即便實際上他的產業並未受到太大損害。他的家人當他得了憂鬱症，逼他來就醫。

「沒有人了解我。站在那個位置上，講著那種話、幹著那種事，搞得大家情緒都很嗨，然後第二天整個人虛脫到不行，這種日子我過不下去。我寧可扎扎實實地過生活。但是他們不習慣這樣的我，他們希望我繼續跟以前一樣扮小丑，但你知道嗎？被大家注意的壓力有多大……」

你當真相信他所謂「扎實地過生活」嗎？才不！儘管從他家人的口述可以知道，現在的他跟以前判若兩人：以前明明最講究身上穿搭，如今竟然懶得換洗就出門；昔日最愛打高爾夫球，現在球具天天躺在那裡，還說手腳沒力不能打；朋友明明很多，但不管朋友怎麼找，就是不出門，到後來，甚至不接電話，還叫外傭跟別人說他不在家。奇怪的是，他的日常工作表現依然遊刃有餘，拿起待批示的公文，連手也不抖了，跟一般的憂鬱症又不太一樣。

原來，雖然他的確有輕度憂鬱，但他的戲劇型人格傾向又在此時發作了：開始扮演一位人間「隱者」，極端強調簡單、樸實、一步一腳印的重要性，完全否定自己過去海派、囂張、一張嘴打天下的作風，才會出現反差這麼強烈的形象。

這就是戲劇型人格傾向者最有趣的地方，就連自暴自棄或生病也帶著誇張的成分。我們幾乎能預見：未來若能得到貴人相助，或有新的成功事蹟，再度回到眾人聚焦的舞臺上，他就會「活過來」，再次恢復生命力，重現原有縱橫四海、豪氣干雲的模樣。

問題是，他真的有本錢東山再起嗎？或者說，能再次蒙機會女神向他招手的戲劇型傾向者又有多少？誰也說不準，但可以肯定的是，他們終其一生都在準備回到舞臺。

因此，戲劇型人格傾向者的情緒起伏特別大，行為表現的落差也極度明顯。

這樣的人生恐怕不太好過。

真實世界中，戲劇型人格傾向者年輕時的人格偏差通常比較嚴重，隨著年齡增長，會在過了四十歲以後漸漸老成，不再像以前那麼輕易追逐無謂的事物，像是成為別人的注目焦點、語不驚人死不休、做些沒必要的競爭等等。這時，他們會開始跟過去的自己打架：

「我的人生只有兩個字，那就是『矛盾』，但我並不後悔。人不輕狂枉少年，總是要趁年輕的時候幹些瘋狂的事嘛。當然，瀟灑總是要付出代價的，我也付出了很多很多。陳醫師，你算是跟著我一起變老的，也很清楚我到底幹了什麼事，你可以坦白地告訴我，我錯了嗎？」

「要定義對錯，就得要先確定你要的是什麼？如果你要的是安安穩穩的一生、妻兒相伴、穩定的收入；老的時候兒孫滿堂、賓客盈門……」

「這不是我要的。就算人生如果可以重來，我也不要。」

「那你要的是什麼？精采？還有誰能比你的故事更精采？白手起家，不到二十八歲就賺進人生的第一個一千萬；三十三歲公司倒閉，負債八千萬；三十九歲東山再起，不但還清所有債務，還在短短五年內讓公司營收超過十億；商業雜誌訪問你、大學頒給你榮譽學位、EMBA請你去授課。我不知道你現在還要什麼？」

「我還要什麼？我也不知道。我一直在想，我還沒五十歲，難道我的人生就只有這樣了嗎？這樣就到盡頭了嗎？」

「看來最近大單接多了，野心馬上膨脹到比天高。」

「才不，眼前這一切不都只是一場戲？俺曾見金陵玉殿鶯啼曉，秦淮水榭花開早，誰知道容易冰消。我建過高樓無數，也宴過賓客萬千，但我更知道希望樓塌的人多的是。年紀越大，越明白一件事：我只是導演兼演員，但我不知道製作人（他指的是上帝）要安排什麼樣的結局，而且我根本沒資格插話。也許這場戲到了明天，又要落幕了，終究一場空。不瞞您說，我每天都在想一件事：如果今年公司就倒了，那我剩下的幾十年還活得下去嗎？我是不是該去自殺？」

「不會的。舞臺是你的母親，它會賜給你神奇的力量。除非你先背棄它，否則，戲劇型人格者只要站上舞臺，誰也打不倒他。」

「舞臺是我的母親？我得好好想想這句話。」

其實，所有的戲劇型人格傾向者都應該想想這句話。跟「舞臺母親」不要太黏，太黏會依賴，長不大；也不要太遠，太遠會失去力量，獨自走在不會醒的夢魘裡。母親希望你成材、在眾人面前發光發熱，但不會希望你走偏鋒、逞英雄、裝瀟灑。沒人想要看一個草包在臺上耍猴戲。要表演可以，先充實自己的本事再說。

戲劇型人格傾向者本身就是「舞臺之子」，幻化萬千，無法分類。然而，我們卻可以將它總結成幾種狀態——

一、順境中的戲劇型人格傾向：傾向於按照身邊大眾需求，演出他人所期待的角色，沒有自己的中心思想。討好別人、吸引別人、讓自己成為眾人矚目焦點，就是他們的生命重心。他們是典型的牆頭草，哪邊人多哪邊倒。非常善於討好大家，在舞臺上唱作俱佳。

二、初遇逆境的戲劇型人格傾向：會開始焦慮，擔心失去群眾的目光，被大家討厭。焦慮可能會以憤怒來呈現，也可能以沮喪來呈現。動作通常會越來越誇大，屢屢讓人震驚，往往流於不切實際，甚至會做出危害自己或他人的極端之舉。

三、長期身處逆境中的戲劇型人格傾向：傾向於演出「悲情角色」，例如烈士、隱士、憤世嫉俗的邊緣人等等。因為不想被看見落魄的樣子，會盡可能減少被眾人發現的機會，並透過悲情角色有效地感動自己。

戲劇型人格違常診斷量表

從成年期早期開始（通常指近二十歲到三十歲之前），在行事作風中明顯可見：過度情緒化與吸引他人注意力的渴望。具體的界定方式，就是在下列八項要件中符合五項（或以上）：

一、如果自己不是被人注目的焦點，就會感到不舒服。
二、與別人互動時，常出現不適切的性挑逗，甚至是挑釁行為。
三、情緒的表達相當膚淺，而且轉變快速。
四、總是利用外貌來吸引他人注意。
五、講起話來，多半有太多梗概性、約略而含糊的形容，缺乏具體的細節。
六、言行有如在演出一場戲劇，帶著舞臺效果，情緒表現是被誇大的。
七、易受暗示（例如：容易被身旁的人或環境所影響）。
八、他們的人際關係並沒有想像中的那麼親密。

第 5 章

看似「可教化」的常態犯罪者
——反社會型人格

談過B型人格中「相對正面」的兩大子人格（自戀型人格與戲劇型人格），接下來，我們要來探討B型人格中比較暗黑的兩個子人格：反社會型人格跟邊緣型人格。

讀過「自戀型人格」與「戲劇型人格」這兩章後，相信大家都已經很習慣：「人格違常」與「人格傾向」是截然不同的狀況，特別是在「人格傾向」的階段，人格特質不一定是一種負面影響，不少時候反而是正面的力量，會為當事人的生命增添許多不平凡的色彩。

然而，從「反社會型人格」到「邊緣型人格」，我們將逐漸看見，人格影響已經弊多於利，負面價值遠多於正面價值。反社會型人格傾向或許還能產生某種功利主義下的利己價值，然而一旦惡化到人格違常，這兩種子人格都會帶來一大問題：若不是給自己帶來莫大痛苦，就是造成他人極大困擾。而這也造成了「反社會型人格傾向」與「反社會型人格違常」之間的重大差異：前者還有可能叱吒政壇、商場，後者卻是長年混黑幫或鋃鐺入獄。

為什麼會有這種現象？首先，我們先來看看「反社會型人格」到底是什麼樣的概念。

從字義上來看，反社會型人格者似乎就會「反社會」，但什麼樣的行為或人格特質會被視為反社會？

反社會型人格違常

反社會型人格違常患者具備許多特徵，包括：

一、**無視於他人存在，透過帶有敵意與攻擊性的行為等，逕自侵害他人權利。**這些行為是廣泛且普遍存在於患者生活中的，核心主軸往往充滿欺瞞與操弄的成分。

二、**這些敵意與攻擊行為可能早從幼年時期就開始出現。**患者可能參與霸凌或驚嚇他人的舉動，可能有虐待動物的紀錄，也可能有魯莽處理事務（如縱火）的行為，或有多次參與詐欺、偽造或變造、傷害、偷竊等前科。

三、**患者容易因為衝動而出現暴力或危險行為，**即便這些行為已經讓患者丟掉工作、發生意外、惹上法律問題，甚至是遭到監禁。

四、**患者幾乎難以從惹是生非的懲罰中得到教訓，總是一而再、再而三的重複犯錯。**

五、**患者不會對於自己的犯行感到後悔，**但是在面對可預知的懲罰時，卻可能表面佯裝悔過，但實際上仍舊毫無悔意。

六、患者通常不認為自己需要對犯行負責，還會責難受害者，認為他們才是造成一切的主因。

要分辨反社會型人格違常，是一件非常困難的事情，特別是在沒有患者的過往紀錄，僅能憑當下對話與觀察時。主要原因在於，反社會型人格可以很有能力地將自己的問題徹底偽裝到完全看不出來，讓旁人以為他們是個無辜、可靠、被誤解的善良好人。

從精神醫學經典《精神醫學概要》（*Synopsis of Psychiatry*）的三段敘述，我們就能看見反社會型人格違常患者的棘手之處：

一、患者通常會讓身為異性的臨床醫師印象深刻，覺得他們的人格特質是多采多姿的、迷人的；但身為同性的臨床醫師卻會感覺患者很有操控性、需索無度。

二、在一些平常人會出現的焦慮或憂鬱情境中，患者會表現出完全不相襯的處之泰然，對於自己做過的反社會行為，會輕描淡寫地解釋為那是在自己無意識狀態下所做的——但實際上，他們並沒有妄想或精神上的問題，現實感完好，語言智力也是良好的。

三、即便是有經驗的臨床醫師，也照樣能被患者愚弄：在會談中，患者可以表現得相當合作與可靠。即便他的內心充滿了張力、仇恨、躁動、狂暴，他也有辦法隱藏起來。

從上述三段敘述可知，反社會型人格違常患者有多麼狡猾，連經驗老道的醫師都照樣受騙上當；年輕的異性醫師甚至可能會迷上他們；而他們也總是把自己的罪責推得一乾二淨。

在診斷反社會型人格違常的時候，我們會利用DSM-V的診斷規則，同時，患者必須年滿十五歲，出現下列特徵中的三項或以上：

一、無法服從社會常規或遵守法律，反覆觸法，甚至遭拘捕。
二、欺騙、慣性說謊、詐財。
三、衝動性，無法事先規畫。
四、躁動、具攻擊性、反覆的打鬥行為或衝突。
五、輕忽自己或別人的安全。
六、持續性的不負責任，例如：反覆性的無法維持工作或財務穩定。
七、缺乏反省，合理化自己加諸於他人的傷害、威脅與偷竊。

由上述這幾項特徵，各位不難發現：光是從當下的觀察與會談內容，是不足以判定什麼的；無論是「慣性說謊」「持續性的不負責任」「反覆觸法」等，都得從患者過往的紀錄才有辦法得知。而這些，詢問患者根本沒有用，患者未必會想如實告訴你；即便說了，也未必是真話。

所以，在診斷反社會型人格違常的時候，會更加倚重患者過往的生命史，包括家族史、童年史、求學史、工作史、物質使用史（泛指藥物與毒品的使用）、醫療史、甚至還要求助於警政機構的犯罪紀錄。

通常，反社會型人格違常患者從幼年開始，就會不斷出現所謂的品行疾患（Conduct disorder），也就是未滿十五歲時的反社會行為，包括慣性說謊、偷竊、霸凌、無法遵守學校或社會規範、衝動控制障礙、暴虐易怒、做出一些可能危及別人安全的行為、虐待動物等等。其中有一個特點，就是毫無悔意，也不會因為受到懲戒而想改變。這些問題都會在童年史、求學史中顯露出來。

工作史則會展現異常短暫的工作經驗、失序的生活、無業等經驗；物質使用史可能會看見有患者吸毒或酗酒的經歷；醫療史則可能會看見患者因暴力鬥毆就醫的經過。通常，患者會伴隨著頗為紊亂的家族史，例如：單親、隔代教養、照顧者忽略、低收入戶、父母吸毒、高風險家庭等問題。

倘若患者年紀較大，那麼警方的犯罪紀錄就會是一個很好的資料來源，因為反社會型人格違常患者觸法的機率是很高的。而另一個輔助的方式，是從腦波與神經學檢查的異常來輔助診斷，因為已有一些證據顯示：反社會型人格違常者經常出現一些細微的腦部病變。

反社會型人格違常患者中，男性的比例遠高於女性，來自大家庭的比例較高，來自都市中貧窮人口的比例也較高，尤其是酗酒者。而反社會型人格違常患者的近親同樣罹患此症的機率，會比一般人高五倍。

至於反社會型人格違常患者的自我陳述，很遺憾的，經過篩選後，覺得不太有列出來與讀者分享的意義。主要的原因有三項：

第一，「慣性說謊」本來就是反社會型人格違常患者的人格特質之一，他並不會因為跟你建立了良好的治療關係，就不對你撒謊。在某種意義上，保有自己撒謊的權利，遠比留住這段關係的動機來得強烈太多。天底下，沒有什麼人值得他放棄說謊，就算這個人對他再重要也一樣。因此，反社會型人格違常患者所說的話可信度一向非常低，常常只是為了達成自己的目的而故意講給你聽；一旦時空背景換了，馬上又有另一套說法。而且，反社會型人格違常患者說謊時臉不紅氣不喘，心跳還不會加速，聽者根本很難察覺他說的是真話還是假話。這也讓我們不容易聽到反社會型人格違常患者的肺腑之言。

第二，其他人格會遭遇到的問題再嚴重，頂多是惹人厭、沒朋友，卻不至於違法亂紀、鋃鐺入獄，但反社會型人格違常患者會犯下罪行。他們需要躲警察，生活常常見不得光，何況發病又早，往往使得他們的求學經歷因此受到嚴重影響，再加上他們本來就容易來自貧窮人口，結果就是反社會型人格違常患者的學經歷普遍偏低。這點影響了他們用字遣詞的能力，讓他們不善於用精確的語言來表達深度內省的經驗，也就無從得知他們內心在想些什麼。

第三，反社會型人格違常患者對其他人的信任感相當低，又善於偽裝，非常難以建立有效溝通的緊密治療關係。如果要對患者進行更深度同理的會談，實質上有困難。

因此，對於反社會型人格違常的理解，與其聽其言，不如觀其行。也就是說：透過事件簿的歷史考據法，發揮偵探的精神，對患者過往的言行舉止進行縝密的邏輯推論與分析，反而更能「推論」出患者到底在思考些什麼。

在臺灣坊間通俗讀物中，書寫最完整的，當為中野信子的《病態人格》一書。事實上，早期就是以「病態人格」（psychopath）來稱呼反社會型人格違常的。兩者意義相近，只是病態人格的定義比較寬鬆，界線比較不明確，因此制定DSM的精神病理學家更進一步地找出病態人格的人格分屬，將之精確定義為「B型人格」底下的「反社會型人格違常」。可以說，《病態人格》一書的內容，幾乎與「反社會型人格違常」的專論相差無幾。

由於反社會型人格違常需要依賴大量回溯性考據、病理學研究與犯罪學的相關知識，已經偏離本書太遠，若各位對於反社會型人格違常感興趣，不妨參考《病態人格》一書，那是一本相當精采而深入淺出的通俗讀物。

在這裡，我們將聚焦在另一個離我們生活更接近的主題——反社會型人格傾向。

反社會型人格傾向

曾有人讀著反社會型人格違常的DSM-V診斷準則時——

一、無法服從社會常規或遵守法律。
二、欺騙、慣性說謊、詐財。
三、衝動性，無法事先規畫。
四、躁動、具攻擊性。
五、輕忽自己或別人的安全。
六、持續性的不負責任。
七、缺乏反省，合理化自己加諸於他人的傷害、威脅。

讀到這裡，忽然喃喃自語：「奇怪，這說的不就是我們老闆嗎？」或許帶了點開玩笑的意味，但這位仁兄卻說出許多人對老闆的刻板印象，甚或是部分事實——要在商場上打滾，除了外抗「強權」，還要內鋤「奸凶」，要是沒兩把刷子、美麗話術外加鐵血政策，可能搞不定。

反社會型人格傾向者雖然一樣會觸犯法律，但他們侵犯的可能是「C/P值較高」的財產權法規，而非掄刀動槍的人格權法規。此外，他們也較有自制力，懂得分寸，不會讓自身的衝突性壞了大事。這時，他們在說謊與背叛這方面的才華、自我中心、無視他人安危、沒有良心譴責問題、沒有悔意……反而讓他們做起事來更加肆無忌憚，也更能從功利角度來分析事情，並與其他有權力、有資源的人互相勾結、互相利用，聯合擊敗對手、坐地分贓，為自己謀取最大利益。

「要我幹這些事，我還真的幹不來。」剛剛提到的那位仁兄承認。「先前，我跟著老闆去跟廠商開會，看到那些三頭六臂的老江湖，要是沒有老闆在，我還真不知道要怎麼應付。在公司裡，雖然大家每天都在暗地裡偷罵他，但沒有老闆在，我們這些下面的人恐怕都要沒飯吃。」

事實上，不少高階主管、民代、官員、企業主、創業老闆，都帶著反社會型人格傾向的特質。曾有網友在PTT上留言表示：自己老家選區的民意代表裡面，半數有黑道背景。在這種情況下，到底是誰反社會？是有關係就沒有關係的他們？還是沒有關係就大有關係的你我？

「反社會型人格傾向」這個概念挑戰著我們對於社會化的道德空間：到底什麼樣的人，才能在這個社會中活得最愜意？

答案恐怕是我們最不願意聽到的：視情況違反當下可以違反的法律與規範，遵守不可以破壞的法律與規範；利用刻板印象贏得別人對自己的好感，盡其所能獲取最大的利益。

一項規範或誓言的遵守與否，完全看何者有利。倘若遵守有利，那就遵守；倘若違背的利益更高，那就斷然違背。如果合作對自己有利，那就當好朋友；倘若背叛更有利，那就形同陌路。

功利主義的反社會型人格傾向者，靠著身上的狼性，很快就能踩在其他循規蹈矩的人們頭上快速向上爬，而且問心無愧，動作毫無遲疑。至於他到底能爬到多高的位置，端看他能把人格傾向中的魯莽、衝動性自制到什麼程度，以及他能耐得住多少性子，接受這個社會的教育與使用個人背景所擁有的資源。

很多年前，一位懷著淘金夢的三溫暖健身中心業者，就為此付出了慘痛的代價，見識到反社會型人格傾向者的能耐。

一開始，談得非常順利，我們都很高興——當然，該有的禮數一點都沒少。當地政府的相關部門主管很快就同意了。於是，資金進來，開始大興土木。政府各部門也都照我們當時談定的內容，一關一關地讓我們過。

沒花太久時間，大樓蓋起來了，越來越有樣子，大家都很興奮——現在回想起來，應該早就警覺到事情進行得未免太順利了，可惜大家都沉浸在即將到來的美夢裡，沒人想太多。

直到了開始裝修二樓內部時，我們忽然發現：怎麼沒有瓦斯？而最近的天然瓦斯管，離我們的建築還有五十公尺。我們趕忙請教相關部門，得到的回應都是「我了解看看」幾個字，之後就再也沒下文。一層一層問都沒結果，到最後，只好回去請教那位主管，只見他笑容滿面地說：「怎麼不早講呢？」

結果就為了這五十公尺的瓦斯管線，業者又足足追加了一半的預算。不然，沒有瓦斯、沒有熱水的三溫暖健身中心可以做什麼？那位主管政通人和發大財，不久也升官了。

然而，要能做到像那位主管所為，也是很不容易的：靜靜看著事情發生，明知一切都將徒勞無功，也知道日後業者會來找他理論，但他就是有本事處之泰然，不疾不徐，不動聲色，如此冷靜地坐等事情發生，從中獲取自己最大的利益。這就是反社會型人格傾向者的本色。

近幾十年來，全球化經濟崛起，也成就了不知多少億萬富翁，而且一個比一個有錢，一個比一個闊綽；財富累積之迅速與豐厚的程度，若說沒有繁複的官商勾結組織存在，實在很難令人相信，尤其是在裙帶政治盛行的開發中國家。而這樣的時空背景，正是反社會型人格傾向者大展身手的好時機。

二〇一八年九月二十日，中國中央紀委國家監委發布聲明，由於「嚴重違紀違法問題」，開除中國財政部前黨組副書記、副部長張少春黨籍和公職。我們就根據這個例子來看：

張少春家中被搜出九千萬美元、八四七五萬歐元，七千八百萬澳元、五二三〇萬英鎊等，各類銀行卡一千多張，總值一百多億人民幣（約新臺幣四四七億元）。不僅現金方面，他的車庫有十餘輛單價五百萬人民幣（約二二三九萬新臺幣）以上的名車，名酒、名畫、珠寶首飾樣樣不少。不僅如此，他更爆出有一四八名情婦，名下更有一百三十多戶房產，分布在世界各地，兒子、兒媳、姪子等名下全國各地房產七十餘幢，總價值五十多億人民幣（約新臺幣二二三億元）。

在中國開放改革的數十年之間，究竟要怎麼累積數百億資產？這已經夠令人不解了；看到一百多筆房產分散在世界各地，更讓人驚訝——最特別的是：情婦有一四八人！這是什麼情況？曾有網友調侃說：「他的情婦一年最多只能見到他三面。」

在這裡，我們同樣想請問：若非有反社會型人格傾向，豈有能力周旋於諸多勢力之間，為自己謀取如此巨大的利益？在眾人眼紅下，坐擁如此鉅額財富，又如何吃得下、睡得著？更何況，這應該只是冰山一角，沒浮上檯面的想必更多。

在某種程度上，反社會型人格傾向者能反映出社會制度的缺陷，以及徒有法條並不足以治理的事實：再怎麼嚴密的司法系統，再怎麼良好的社會結構，只要懂得如何透過從中破壞並獲取私人利益，反社會型人格傾向者就能取得某種相對性的優勢。

然而，反社會型人格傾向者真正的敵人還是自己，畢竟他們帶有著衝動與魯莽的特質，在過度放縱或得意時，也可能會因此現出原形，而招致人人喊打的下場。能在短期間內取得優勢並不難，但能否長期維持？這對於反社會型人格傾向者是一大挑戰。

反社會型人格違常診斷量表

A、從十五歲開始，便即屢屢出現漠視，甚至侵犯他人法律權益的思考（或行為）模式。具體的界定方式，就是在下列七項要件中符合三項（或以上）：

一、無法服從於一般社會規範的要求，會反覆做出違法或破壞社會規範的行為。

二、狡詐虛偽，常見行為有：反覆說謊、使用化名、惡作劇，甚至詐欺，而其目的只是為了自己的利益或覺得好玩。

三、做事衝動，無法事先計畫。

四、易怒，容易出現攻擊行為。常見行為有：經常鬥毆、對他人施暴。

五、行事魯莽，不在意自己與他人安危。

六、總是沒有責任感，常見的表現包括：工作始終做不久、財務信用經常出狀況。而且這類情事總是一而再、再而三地發生。

七、缺乏自責悔恨感，常見的表現有：無動於衷或將自己傷害、虐待他人或偷竊等行為合理化。

B、滿十八歲後才可確定此診斷。

C、有證據顯示：若在十五歲以前發病者，個案通常患有品行疾患。

D、個案的反社會行為並非僅發生於思覺失調症或躁鬱症的病程之中，意即無法用思覺失調症或躁鬱症來解釋反社會行為。

第 6 章

真實與虛幻之間的怨靈
——邊緣型人格

很多人一聽到邊緣型人格，馬上就想到割腕、自傷、大量吞安眠藥、情緒失控等等負面畫面。事實上，邊緣型人格也確實是助人工作者的夢魘，資淺一點的，往往聞之而色變，視之為洪水猛獸。

邊緣型人格違常

「她根本不是人！」一位與個案工作多時的心理師在聽見個案自殺的那一刻，情緒失控地脫口而出。這麼激烈的字眼，很少出現在助人工作者口中，但也不難想見，她內心有多麼挫敗。是的，兩年的努力，一步又一步，艱辛地走過每個最難熬的時刻；多少次，因為電話那頭淒厲的哭聲而在午夜驚醒；又多少次，為了多給這孩子一點窩在辦公室的時間而延遲下班。然而，就在一切即將改變、暢快到笑聲終於出現在兩個人之間的當晚，她就走了。

「我知道老師希望我開心，但開心是很辛苦的，我累了。」女孩只留下簡短的幾個字。

大多數人並不明白：邊緣型人格者就像一個紙糊的人偶，是承受不了愛的。偏偏，他們又最渴望愛，而且還分不清楚真實與想像出來的愛。

一位成功對抗邊緣型人格肆虐的個案在多年後說：

我感覺到自己的身體是空的，我很難形容那種空虛的感覺是什麼，就好像我身上只有穿在外頭的衣服，但裡面是空的，什麼都沒有。不管別人跟我說什麼，鼓勵也好，稱讚也好，安慰也好，憤怒的叫囂也好，所有的情緒到了本來該是我身體的那個空間以後，就不見了。那種感覺很恐怖。按理說，我應該要有所反應，但是我沒有。我唯一感覺到的，是一種混雜著焦慮與恐懼的情緒，瀰漫在空氣中，是一種空氣像冰塊凍結似的感覺，讓我緊繃到極點。我唯一能做的，就是割腕。美工刀劃下去的那一刻，我會感覺凍結的空氣彷彿被自己割開了一條縫，我又能夠吸得到氣了。

另一位則是清晰地描繪出她對親密關係的感覺變異：

我確定自己沒有幻覺，不會莫名其妙多出一張不存在的椅子，我的書桌也不會一覺起來就平白消失。但是我與別人的關係卻會，不管是親密關係還是朋友關係都一樣。我可能在跟男友講電話的時候，感覺自己是天底下最幸福的女人，然而電話掛上的那瞬間，與男友之間的親密感卻突然消失。我在理性上清楚知道自己有一個男朋友，但是情感上卻覺得他是陌生人，彷彿我根本不認識他；即便一分鐘以前，我還在電話中跟他撒嬌，他也才答應明天一早要來看我。我怎麼會跟一個陌生人撒嬌？這讓我極度沒有安全感。我不知道發生什麼事，但我就是突然跟他完全不熟。我通常會再打電話過去，而男友會不厭其煩地再次安撫我，那一瞬間，就像停電後復電時那樣大放光明，一切又沒事了，直到我把電話掛斷，一切又再次歸於黑暗。我被這種感覺嚇壞了，覺得自己瘋了，可是，感覺又那麼真切。

這兩位曾經英勇對抗邊緣型人格違常的患者，在他們部分擺脫了反覆割腕、暴食催吐、大量吞藥、重複出現的感情障礙，回頭檢視自己的生命歷程時，都提到了許多關鍵性的經驗，而這些經驗，也都在長期研究邊緣型人格違常的精神病理學家著作裡找到了線索。

第一個就是「身處異鄉的極度不適感」。患者通常形容為「異鄉」「異國」「沒來過的空間」，在這個空間裡，伴隨而來的感覺是巨大的焦慮：「壓力感無所不在」「空氣中飄浮著不尋常的氣氛」「感覺上好像有什麼大事就要發生」，但他們找不到壓力的源頭，更不明白到底要發生的是什麼事。不過，他們的意識都很清楚：並不是真的以為自己要被帶到國外或有壞人要害他們，而是有這種「強烈感覺」，且揮之不去。為了對抗這種感覺，他們通常有個辦法，就是割腕，或是吞安眠藥，甚或用頭撞牆，比較少聽到的是用手捏自己的大腿內側——因為效果明顯較差。

對邊緣型人格違常患者而言，割腕的目的大多數不在於自殺，而是藉由自我傷害產生的痛苦來轉移內在的極度焦慮。因此，邊緣型人格違常患者在回憶割腕經驗的時候，經常表示並不感覺疼痛，反而有種緊繃到極點後獲得釋放的平靜。

通常，邊緣型人格違常患者會尋找對自己最「舒服」的方式來割腕，例如：以慣用手持刀，切在非慣用手的內側，刀痕以橫向為主，深淺比較平均。有些社交能力較好、症狀相對輕微的邊緣型人格違常患者會選擇在上臂處下刀，因為此處的疤痕即便在穿短袖衣物時仍然可以遮掩。

相較之下，非邊緣型人格違常患者割腕時，刀痕較短且雜亂、深淺不一，縱向橫向各種方向都有，入刀稍深，出刀淺，多數表示會疼痛。這是比較不一樣的地方。

一位邊緣型人格違常患者就曾這麼敘述：「當我看著傷口上的血珠間隔幾公釐一點一點地冒出來，由小逐漸變大，渾圓而殷紅的時候，我內心那股莫名的焦慮就宛若被釋放了，一種靜謐的溫馨感逐漸在心中擴大，某種程度上，那是一種享受。」

不過，他也提到邊緣型人格違常患者與割腕的矛盾情結。「其實，割腕的用處並不大，因為效果很短暫，一下子，那種寧靜就沒了，焦慮馬上又回到身邊。短期內再割是沒有用的。就像嗑藥一樣。割腕很容易成癮，萬一割太深，傷到肌腱，就只能去醫院縫，然後又會被問一大堆，超麻煩的。如果能有其他選擇，我根本不想這麼做。」

第二個就是「親密關係的突然消失」。這種經驗在邊緣型人格違常患者之中很常見，也通常會造成很大的困擾。患者會突然對自己的重要關係人（絕大多數是男女朋友）失去信心，強烈恐懼對方不再愛自己，而且完全沒有理由與原因。這樣的恐懼說來就來，即便前一刻兩人還甜甜蜜蜜地在一起，但各自回到家的途中，患者就可能已經氣急敗壞地狂打電話給男／女友，簡直就像對方把自己給甩了似的。

這情況不是單純用「患者沒自信」或「疑心病太重」就可以解釋的，因為連患者都會被自己的行為嚇到。「不要想說服我什麼，我什麼道理都知道，但是沒用。」一位表達能力很好的患者敘述了這種感覺。「你見過一張桌子在眼前憑空消失嗎？如果是，你會不會被嚇到？把桌子換成我對男友的信心，就會明白我心中有多震撼。為什麼我突然之間完全感覺不到他的愛？雖然我知道這很可笑，但我無法控制自己。無論如何，我需要他出現在我眼前，立刻！不要再嚇我了，我承受不了！」

第三個就是「焦慮感來臨時，想找個地方躲起來」。這種經驗在邊緣型人格違常患者中偶爾可見，通常的描述是這樣的：「每當那種感覺要來的時候，我就得躲到鐵櫃裡面，頭埋在雙腿間，把自己縮成一團，有時候還會不斷發抖，為了怕被聽見，我得咬住自己的衣服——我也不知道自己在害怕什麼。這種情況大約會持續十幾分鐘，在那段時間裡，我會覺得自己的身體好像在漸漸融化、消失，不見了，整個人好空好空。現在想起來，都還心有餘悸。」

邊緣型人格違常患者為什麼會有這麼奇怪的經驗，眾說紛紜，但其中有一個普遍獲得承認且居於核心地位的觀察就是：問題可能出在於邊緣型人格違常患者的認知功能出現變異，會使用一種「非黑即白」「全好全壞」「全有全無」「全對全錯」的觀點來看待這個世界與身旁的人事物。

什麼叫做「非黑即白」？最常見的例子，就出現在孩童的世界裡：兒童在聽故事的時候，總喜歡問：「他是好人還是壞人？」童話故事、卡通漫畫、甚至電影裡面，角色也總是被簡化為好人與壞人兩種，所以，劇情的張力，也常出現在「好人原來是壞人偽裝的」，或者「好人被誤會為壞人」兩種狀態下。

這是一種極度簡化的世界觀，觀眾很容易理解每一個角色的行為。在兒童階段，這種二分法是正常的，但在成長過程中，他們終將學會：沒有人是全好或全壞的，甚至，好壞本身也是相對的，「灰色」才是真實世界的顏色。

然而，邊緣型人格違常患者並沒有發展出這種能力，他們眼中依然非黑即白：一個人不是好人，就必然是壞人；不是完全愛他，就是完全不愛他；如果不是全然擁有；就是全然沒有，完全沒有中間地帶。所以，在面對所有真實關係時，總要不顧一切地把對方的形象想像成極度完美，或者，失望至極地把對方的樣貌貶抑成極度醜惡，而夾雜其中的，就是不斷遭到欺騙、出賣、背叛、放棄的感覺。事實上，旁人從來不曾有這些欺騙或出賣的舉動，是他們先前把別人想得太好，事後又把別人想得太壞所產生的落差所致。

我們可以透過這個邏輯，來建立一位邊緣型人格違常女孩的思考模型：

有一天深夜，一位女孩發現她深愛的男友忘記她們的定情日。

「我如此愛他，他怎麼可以忘了我們之間最重要的日子？他連這樣的日子都能忘，那麼他以前跟我說的所有誓言，當然都可以忘記。顯然他不愛我了。如果他不愛我，他為什麼要這樣騙我？他一定是恨我，但又故作愛我的樣子。心機這麼深，枉費我對他如此真心……」

女孩淚流滿面，在午夜時分打電話痛罵這個欺騙她的惡毒男友。

凌晨時，男友開車趕來了解情況。此時，女孩已經根據自己的悲傷情緒，「合理推論」出：男友應該是移情別戀，不在乎她了，所以才會這麼惡毒地甩了她，要不然，態度怎麼會突然改變這麼多？

一頭霧水的男友自然否認到底，並嘗試安撫女孩的情緒；女孩則繼續發飆、怒罵、詛咒男友。男友也動怒了，兩人大吵一架。

第二天，女孩累了，整個人覺得虛脫，也開始自責，認為自己又做錯事了。每次都犯下這種不可饒恕的錯誤，她實在很難原諒自己。「男友這麼照顧我，為我花了這麼多心血，我還叫他半夜趕來，實在太惡劣了，我是世界上最糟糕的女人！他一定不要我了！我該怎麼辦？」她再次拚命打電話給男友，不斷向他道歉，並且求他過來看她。在情緒很不穩定的狀態下，她再次割腕了。男友聞訊趕過來看她，心中卻充滿了又愛又恨的情緒。

故事又回到原點，卻多了一個充滿悔恨與自責的女孩，跟一個又氣又好笑又無奈的男友。情緒莫名其妙地累積，直到下一次衝突時再度爆發。等到這段關係終於結束，雙方都已遍體鱗傷。

事實上，一開始，根本只是男友忘記定情日這件事而已。但女孩馬上根據「全有全無律」，斷定「他連這樣的日子都能忘，那他以前跟我說的所有誓言，當然都可以忘記」，把問題擴展到「顯然他不愛我了」。

接下來，男友在她心中馬上由「全好」變成「全壞」，因為「他一定是恨我，但又故作愛我的樣子」，女孩受到了極大的創傷，感覺男友「心機這麼深，枉費我對他如此真心」。

等到男友趕到現場，女孩又另外找到一個「合理」解釋：男友一定是劈腿，不然怎麼會突然遺棄她？

在短短幾小時內，從好人變壞人，還被安插了劈腿罪名的男友，當然全力辯解；辯解不過，兩人最後大吵一架，更加深了女孩的傷心。

等到第二天醒來，女孩回想這一切，又反過來否定自己；男友再次成為「全好」，反而是女孩自己成為「全壞」，開始擔心男友會離開她，她的感情終將一無所有。最後，女孩只好以割腕來消除自己的巨大恐懼與壓力。

邊緣型人格違常患者生命中充滿了這樣的經驗：無來由的焦慮、野火燎原式的情緒氾濫、災難性思考、整個人徹底崩潰、衝動行為、事過境遷的自責悔恨、自我傷害、再次嘗試修補關係。而後周而復始，重來一遍。

這樣的人生實在很痛苦。然而，在其身旁的人一樣辛苦，特別是邊緣型人格非黑即白的特質，會對團體產生分化現象（split）：患者會吸引某些當下他認為是好人的人來圍攻他認定為壞人的對象，造成親朋好友彼此間的關係緊張，甚至破裂。

邊緣型人格違常患者也經常對協助他的專業人員產生既依附又攻擊的態度，常見的情況是：不斷批評、指責、辱罵他的心理師或醫師，甚至揚言要提告、傷害對方家人、向媒體爆料、丟黑函到對方的工作單位等等；另一方面卻極度依賴治療者，凡事都需要對方的支持與鼓勵，一旦沒得到治療者的關懷，就會崩潰割腕等，對治療關係與治療團隊都會造成極大的困擾。

在這段敘述的末尾，我以教科書中一位卓越的精神病理學家，對邊緣型人格違常患者的深度同理做為結尾：

我覺得我像一件掛在衣櫃裡的衣服，是冰冷的，一直渴望能被人揀選，被人穿上。直到有一天，我發現我的白馬王子出現了，他逐漸向我接近，我越來越緊張，心臟怦怦地跳，最後他終於來到我身邊，宛若被他穿上。剎那間，我不再只是一件掛在衣架上的單薄衣服，我已經包覆在一個有溫度、有厚度、會走會動、活生生的肉體身上，我活過來了，我開始看得見東西，能思考，有情緒，有喜好——但我也開始害怕，害怕他終有一天會把我脫下來，畢竟我只是一件衣服。隨著他跟我越親密、越過得幸福，這樣的恐懼就越強烈，我跟他無端爭吵的次數也就更加頻繁。我越來越擔心他會把我脫下來。最後，我知道事情不能挽回了，我做了所有你能想像的瘋狂事情，瀕臨崩潰的他確實也把我脫下來了，我再次變回一件單薄的衣服，沒有感覺，一無所有，再次被關進那冰冷而黑暗的衣櫥裡。

邊緣型人格違常的特殊性，使它成為人格違常相關研究中最多的一種，目前已知：女性盛行率高於男性兩倍。患者的血親終其一生罹患重度憂鬱症、有物質濫用等問題的機率都會上升。在一般精神官能症中，邊緣型人格違常也是少數會出現幻覺、妄想的疾病之一，所以在過去，邊緣型人格違常也曾被稱為「假性思覺失調症（Pseudo-schizophrenia）」。

邊緣型人格傾向

在常態下，邊緣型人格不容易出現所謂的「邊緣型人格傾向」，因為以這樣的人格特質而言，一旦出現，問題就會很棘手，不太可能靠自己或別人的支持調適過來，幾乎都會惡化到邊緣型人格違常的狀況。所以，即便理論上應該有邊緣型人格傾向，但實務上不容易見到。

不過，在兩種狀況下，還是會出現所謂的邊緣型人格傾向：

第一種情況比較多見。患者已有一個明確的B型人格子人格違常，但是又出現了原有人格違常無法解釋、較適合由邊緣型人格解釋的輕微症狀。偏偏後者症狀並不足以另外構成邊緣型人格違常的診斷，這時，就會成立一個主要的人格違常，附帶一個邊緣型人格傾向。例如：戲劇型人格違常，附加邊緣型人格傾向。

第二種情況是一種動態平衡，會出現在個案擁有高到不尋常的智商、表達能力，或有極強的支持系統等情況，甚或個案自己就是精神科醫師或心理師。此時，個案的自我覺察能力高到可以用言語來敘述自己心中正在發生的極細微情緒轉變，也就是說：雖然個案依然深受內心情緒大起大落的煎熬，但他們可以透過語言描述，甚至是專業術語的運用，保持與外界的溝通；而極強的支持系統也有足夠的專業能力處理這樣的資訊傳達，並給予立即處理，將自己的傷害減到最低。這時，雖然邊緣型人格的特質出現了，造成的傷害相當嚴重，但另一方面，支持的力量也相當強大，足以產生拉鋸的力量，讓個案長期停留在無法成立診斷、依然可以勝任日常生活、應付職業要求的狀態，卻也無法完全擺脫邊緣型人格違常的陰影。

邊緣型人格違常診斷量表

從成年期早期開始（通常指近二十歲到三十歲之前），在行事作風中處處可見：人際關係、自我影像（約莫等於「你認為別人怎麼看你？」的回答）與情緒的不穩定；另外就是明顯的衝動性。具體的界定方式，就是在下列九項要件中符合五項（或以上）：

一、對於被人拋棄（即便只是想像中）的事件，會有極為瘋狂的反應（此處的瘋狂反應不包含下述第五項的自殘與自殺）。

二、若非把別人想像得極度美好，就是反過來徹底貶抑對方，反覆在這兩極之間擺盪，造成不穩定且高度緊張的人際關係。

三、自我認同障礙：特徵是明顯而持續的不穩定自我影像或自我感（如不易理解此類特殊經驗，可參考內文中關於個案的敘述）。

四、至少有兩種具備潛在自我傷害性的衝動行為，例如：瘋狂購物、縱欲、使用藥毒品、危險駕駛與暴食行為等（此處的瘋狂反應不包含下述第五項的自殘與自殺）。

五、反覆性的自殺行為、作勢要自殺、威脅要自殺，以及自我傷害行為。

六、在明顯情緒反應後所衍生的持續性情緒不穩（例如：陣發性的強烈沮喪感、躁動或焦慮，這情況通常會維持數小時，最多數日）。

七、慢性且長期地感到空虛。

八、不適當、強烈，甚或難以控制的憤怒，例如：經常暴怒、持續感到生氣、身體持續處於備戰狀態。

九、暫時性的妄想或嚴重解離感（在有壓力的情境下才會出現）。

第 7 章

如果我就是 B 型人格者，該怎麼辦？

B型人格有幾種族群？

我們在前幾章分別談論到B型人格的六個內在特質：失控的情緒、眼裡全是自己、一切隨時會幻滅、行動就是救贖、真實與虛幻只在一線之隔、孤獨只是我的身影，以及B型人格的四種子人格：自戀型人格、戲劇型人格、反社會型人格、邊緣型人格。

現在，我們要將它們拼湊在一起，看看現實生活裡，B型人格到底可以歸納為幾個族群。

一、具備B型人格的共同特徵，同時或多或少帶著四種子人格傾向。

二、明顯出現單一子人格傾向，並帶有B型人格共同特徵。

三、明顯出現單一子人格違常，並帶有B型人格共同特徵。

其中，第一個族群的人數最多，但是最不明顯，實際上也普遍遭到忽視。非常有可能出現在你身旁的親朋好友之中，甚至你自己就是。

第二個族群的人數比較少一些，但因為性格鮮明，很容易吸引人注意，也分布在社會各個角落。你我認識的一些公眾人物、知名人士（不一定有好名聲，也可能是惡名昭彰的），都可能是潛在的候選人。

第三個族群的人數最少，但只要一出現，就是個麻煩人物，不管是哪一種人格違常，若不是搞到自己痛苦萬分，就是讓身旁的人快崩潰，因而向醫療單位求助；甚至是像反社會型人格違常那樣，因觸犯法律而被強制送醫。但由於目前對人格違常並無治療良方，依法也不得單憑「人格違常」強制患者就醫，因此，出院後，多半只能任由患者在社會中興風作浪，由大眾承受其巨大成本。

第一種人跟第二種人合起來，可以稱為「泛B型人格者」，他們分散在社會的各個角落，每天都跟一大堆情緒攪和在一起，始終搞不定人與人之間的關係，為了「失去一切」的莫名焦慮而不斷行動，但真正揮之不去的只有孤獨感。

你說這是病嗎？當然不是。即便加上自戀型人格傾向、戲劇型人格傾向、反社會型人格傾向或邊緣型人格傾向四者之一，依然無法診斷為疾病——說得直白一點：這是一塊被精神醫學與心理學所遺忘的三不管地帶。因為DSM-V是精神醫學基於研究統計與臨床診斷為目的發展出來的診斷基準，而B型人格與四個子人格原本就是為了診斷「人格違常」而設計的。只不過，站在嚴謹的實證科學角度，要成立任何一種人格違常診斷，都必須符合相當多嚴苛的標準（例如：七項條件中出現三項或三項以上、年滿十五歲以上、已經造成職業功能損害等等）。

問題來了：只有部分要件成立的個案，即便出現一些自我調適、人際關係、生命意義的問題，也不能與不該被浮濫診斷為「人格違常」，最多最多，只能放入所謂「人格傾向」。那麼，這些人該向誰求助？

實際上，儘管這群人的人數始終遠大於「人格違常」患者，但因為「人格傾向」者不算病人，一方面引不起醫學研究者的興趣；二來，要用什麼名義與誘因把這群人聚集起來，操作上有所困難；三來，以現在健保的菜市場式看診法，這群人可能根本不願意就醫——因為醫師只會聽他們說幾分鐘，然後開一堆藥；而且，越好的醫師，集客力越強，到頭來，不管醫德如何，初衷如何，都一樣會被洶湧的候診人潮給淹沒。

所以，這群人很自然地轉向心理諮商尋求協助。此時，另一個問題又出現了：B型人格的診斷架構來自精神醫學，雖然非常清晰，而且具有指引性，可以有效率地協助治療者看清問題核心，對諮商過程應該有所幫助，但B型人格並非心理諮商慣用的人格理論，使得「人格傾向」所能帶給治療師的訊號往往就此埋沒，衍生的結果就是：探討「人格違常」的書籍汗牛充棟，需求量理當更大的「人格傾向」相關書籍反而付之闕如。此一現象不只在科普書籍如此，學術論文也如此，就算把這四個子人格傾向的原文全名當成關鍵字去索引，結果雖非掛蛋，仍是鳳毛麟角。

所以，在接下來的篇章裡，我們將針對這群被擋在醫療大門之外的「B型人格傾向」者，深刻地從他們的生命處境看起，一個個檢視他們經常面對的問題，而每個問題也都會分成兩個角度來探討：

一、當我無法自覺時，我會遇到什麼情況？又該怎麼辦？

二、當我已經有所自覺時，我會遇到什麼情況？又該怎麼辦？

舉個例子來說，當一位自戀型人格傾向者完全沒有自覺時，他所看出去的世界是：「大家都故意躲著我、嫉妒我的表現，想要孤立我！」他感覺到的是憤怒、被害感與被孤立，內在與外在是一致的，炮口齊心對外，認為是別人在針對他、貶損他。

直到有一天，他終於能自我覺察，想法就會變成：「我現在明白問題在我身上，但我又不是故意的，為什麼這麼多年來沒有人願意告訴我？卻老是用這種方式孤立我？」他感覺到的是悲傷與孤立無援，憤怒與被害感相對減弱了，內在與外在不再一致，繼之而起的是更多的自我懷疑。

很顯然的，雖然同樣是自戀型人格，但在能夠自我覺察前後，對於世界與自我的經驗是不一樣的，需要的協助當然也不一樣。

第一階段的B型人格傾向者缺乏主動性，需要更多親朋好友的提醒與幫助，才有可能接觸相關資訊。而即便有辦法接觸，最初的反應也往往是嗤之以鼻，認為一派胡言，書中的描述跟自己一點關係也沒有。然而旁觀者清，當局者迷，光是一次提點，是無法輕輕鬆鬆解開問題的。印證到讀者心態，通常是身邊有處於此一階段的親朋好友，以助人為初衷的。

到了第二個階段，當事人就會開始主動尋求協助了。印證到讀者心態，在這個階段，通常是心中一驚：「咦！怎麼我好像有同樣的問題？莫非我也是B型人格者？」多以自我探索為目的。

在過去，身處第一階段的人較多，而按照教科書的說法與各國多數的研究，自我覺察如果發生，通常會在四十歲左右；同樣的，人格違常的症狀也會在這個年紀開始緩和下來。

然而，由於近年來心理議題普遍受到重視，關心自己心理健康的人越來越多，「開竅年齡」有向下修正的趨勢，不少人在頗為年輕的時候，就開始注意自己的人格議題、瀏覽相關的知識，不願意像父執輩一樣，糊里糊塗當了一輩子的人格奴隸。

然而，「人格問題」跟「心理障礙」或「精神疾病」是不一樣的：人格與生俱來，人皆有之，不可能也不需要「治癒」，當人格與社會發生衝突時，需要的是彼此包容，而不是誰消滅誰。因此，一開始，我們會先探討人格問題的治療原則，做為這群泛B型人格者的自處之道。接下來，我們才會探討：發現自己符合B型人格中四大子人格（自戀型人格／戲劇型人格／反社會型人格／邊緣型人格）的任何一種人格傾向時，該怎麼辦？

在本章後半，則會探討一個少見的狀況：如果您已被醫師診斷為某種人格違常，您也自覺到這些症狀；或者，您透過第三到六章的章末附表判斷自己符合特定人格違常，而熟識的朋友也同意您的看法，那麼，或許您可以算是「能自我覺察的人格違常者」。這不是一件容易的事情，而且人格有其恆定性，不可能說變就變；但這並不代表我們得乖乖認命，對自己的人格障礙束手無策。畢竟，認識自己就是改變的開始，即便是嚴重的邊緣型人格違常，只要有覺察，能有所改善的依然大有人在。

B型人格特質的處理原則

幾乎所有教科書都會寫：人格是恆常不變的，幾乎終其一生都不會改變；再翻到人格違常治療那一段，會看到另一行短短的文字：「沒有已被證明確切有效的治療方法。」所以，一旦遇上人格問題，乾脆放棄算了，不必多談，也不必診斷，反正無藥可醫，不是嗎？

當然不是。

有一部電影《十月的天空》，敘述一位生來就是火箭迷的青少年，他不只研究火箭、收集火箭的相關資訊、對每一部火箭瞭若指掌，他還自己做火箭。

因為父親反對，於是他背著家人偷偷發射。剛開始時，他的火箭逢射必爆，但他依然不屈不撓，連功課也不顧了，一逕專心製作火箭。

有一次，他涉嫌因火箭失事引發森林大火，遭到警方逮捕。最後，雖然他終於找到失事的火箭位置，證明跟森林大火無關，也洗刷了自己的清白，但已引發不少爭議與事件。

倘若父親與他的對立升溫，最後把他五花大綁、送到鄰近的州立精神病院，說他「缺乏反省能力」「無法從失敗中學習」「做出一些魯莽而置他人生命安危於不顧的行為」等等，是不是表示他有反社會人格傾向？甚至人格違常？

想也知道不會是這樣，因為這是一部真人真事改編的電影。既然如此，就表示他成功了。到了尾聲，主角贏得了全國科學展，也獲得獎學金到大學念書，最後進了美國太空總署工作，為太空梭任務訓練太空人。

試想：從「反社會型人格違常」到「故事翻拍成電影的NASA工程師」，結局差異之懸殊，讓我們不禁要問：是什麼改變了這位少年的生命？這樣的「治療」算不算成功？又是怎麼辦到的？

答案很簡單：因為主人翁的才華獲得了發掘，在對的時間、對的地方，和對的人一起生活與工作，讓主角成為一個「有用處」的人，能對社會有貢獻，為國爭光。

身而為人，一旦能適才適性地成為具有生產力的個體，其人格與團體之間的矛盾就能獲得包容（但沒有消失喔），他與大眾之間建立了一個合作平臺，在這個平臺上，他能盡情揮灑自己的人格特質，社會大眾也透過這個平臺向個人提出各種限制，例如：就業法則、服從社會規範、守法重紀等等。

這就是面對B型人格特質時，最重要的原則——「產生意義與價值」。讓自己學習以某種方式產生意義和價值，與社會達成共識，進而適應社會。如果你懷疑自己有B型人格特質，那麼，只要能抓緊這原則，人生就不會有什麼大問題。

即便像電影主角如此聰穎、有這般資源與機運的人不多，社會願意接納個體的面向與廣度仍遠大於此。實際的做法，就是在社會中找到一個適合自己的「社會角色」——通常是職務，但也可能是身分，透過這個角色，其他人就能很快認識他、理解他、進而接納他。

就以一位反社會型人格傾向者為例：即便沒有電影主角那樣的機遇、智慧與資源，但他可能在衡量自身經濟狀況、社交能力與其他現實條件之後，選擇去從軍：不論是真槍實彈上戰場的法國雇傭兵，還是承平時代的國軍體制，都各有能讓他表現的空間。若選擇前者，反社會人格的現實主義會將他的求生意志激發到極限，讓他成為一名優秀的戰士；若選擇後者，形式化與官僚主義正是他建構以利益交換為基礎的人脈系統的好地方，他可能會成為一位熟悉軍系文化的阿兵哥，不但能在其中適應良好，還能求取自己的利益達最大化。這些，都是他在績效導向的民營企業中可能適應不良的。

然而，「產生意義與價值」沒有定則可言，倘若這位反社會人格傾向者的能力再差一點、現實感再弱一點，無法掌握軍中諸多矛盾制度背後的邏輯，反而被表面的規定綁得死死的，那麼，他就有可能成為逃兵，接著出現在監獄，最後在黑社會裡找到另一種適應的方式——而這並不是一個良好的結果。

所以，面對B型人格問題的第二原則，就是「隨機應變」，不能一廂情願。用一個不太恰當的比喻來說明，如果把人所提供的勞務當成商品，一方面固然要將勞務銷售出去，但另一方面，消費者買不買單？市場反應如何？就算再有經驗的人，也無法給予絕對保證。因此，保留高度彈性是一件很重要的事情，必須視狀況不斷調整，直到找到最適合的處理方式。

可以想見，若想克服人格問題，不管是助人或自助，最重要的是要有耐心。既然我們無法確定何時能找到適當的「社會角色」，那麼除了順其自然，我們也必須保持耐心，不要一開始就投入過大的心力與過多的期待，造成後繼無力與失望透頂的情況；相反的，我們得在漫長的時間流裡，隨時以警覺的態度，面對每一次機會，並以平常心去嘗試。不要期待過高，也就不會失望過深，直到真正能「成交」的時機出現。所以，「耐心等待時機」是第三個原則。

話說回來，光是被動等待時機是不夠的，在這段期間裡，我們得設法讓當事人能繼續累積有利的條件，消極面包括：減少負面形象構成、避免家庭衝突、降低人際衝突、改善情緒穩定度、增強心理的一致性；積極面包括：充實專業知識、擴展人脈、培養嗜好、累積資源、學習一技之長、考取證照等等。改善當事人在社會眼中的「賣相」，等同於調高個性對群性的談判籌碼，將有助於當事人與社會再次達成穩定的均衡狀態，適應這個社會。因此，第四個原則就是「持續學習與累積資源」。

我懷疑自己有自戀型人格傾向，該怎麼辦？

1 面對現實：我不是什麼特別人物

自戀型人格傾向者在遇到現實生活問題時，非常容易設想一個極其壯烈或滄涼的情境，然後把自己放到情境裡，成為鬼神泣壯烈的情境主角。

比如說：投了一堆履歷，卻沒得到回覆，或是想應徵的工作沒錄取，便聯想到歷史上的某些人物，雖不被當代人所認識，死後卻大紅大紫，並把自己設想成為那號人物，為此感動不已。

事實上，你不會是梵谷；就算自殺一萬遍，畫作還是上不了蘇富比拍賣會；然而，如果你願意面對現實，你可以成為一名足以養活自己的上班族，甚或接受更多有風險，但也更具備遠大希望的創業機會。同樣的，你也不會是諸葛亮；就算隱居山林十萬年，就連類人猿都已經進化到上太空，也不會有眾多公司老闆爭相造訪你家，為的就是找你去上班。但如果你願意仔細檢查一下自己放在人力仲介平臺的個人履歷，就有可能看見連篇錯字，連可上班時間都打錯，這種履歷怎麼可能得到別人的青睞？更重要的，你絕不會是苦守寒窯十八年的王寶釧，不需要每天為自己的悲情感動到無可名狀。如果你真有一個在外面拈花惹草的薛平貴伴侶，那麼你應該想一想，為什麼這十八年來都沒離婚？是因為童年時期看見父母爭吵不休，希望從自己的婚姻中得到補償？還是你無法直面自己識人不明的挫敗？

自戀型人格傾向者需要想通一件事：「毋須成為什麼重要人物，依然可以擁有幸福的人生，受人尊重，被人喜愛。」也要好好想清楚：你要的到底是獲得大家的接納、受群眾喜愛、被人們尊重？還是無止境的比較，想要贏過每一個人，成為最特別的那一位？如果是前者，就不必繼續堅持證明自己的卓越，因為那根本不是你要的東西；如果是後者，那麼我想請問：就算你犧牲一切、成為最特別的人物，然後呢？除了不會維持太久的爽度，還能剩下什麼？

要從自戀型人格傾向中獲得解放，最重要的就是領悟到：「特別不特別，根本沒你想像的那麼重要。」

2 注重儀容整潔衛生，適度跟隨時尚、合理消費

自戀型人格傾向者很容易陷入「世界以我為中心」的成見中，並把主流社會所共同接受的價值習俗（例如重視穿搭、追求名牌品味、衣著光鮮亮麗等等），都視為討好他人、迎合群眾的低俗趣味。媒體上越見包裝，越把某些商品打造為成就非凡、卓然出眾的形象，就越容易激發自戀型人格傾向者的反感，而刻意避免與之相同。

「我就是討厭黑卡，看到一〇一就受不了。想到一群人在那裡裝模作樣地品酒、抽雪茄、喝咖啡、滿口英文，自以為有品味，可是腦袋裡什麼也沒有，我就覺得噁心！」許多自戀型人格傾向者都會說出諸如此類的話。

他們有時還會故作名士派頭，放浪形骸，好比西裝褲穿了快一個月也懶得換洗，多年來老是穿著一模一樣的襯衫、打著同樣的領帶，甚至根本拒絕穿著正式服裝。在更極端的情況下，連個人衛生也敷衍了事，不但房間裡弄得亂七八糟、桌面堆得像小山一樣，還不准家人幫忙整理，說是亂中自有其序。每每搞得家人莫名其妙，甚或火冒三丈。

其實，對照古代棄官不仕、結廬躬耕的隱士，很容易就能明白「自戀型人格傾向者」內心在想些什麼：這些否定社會價值的行為，有助於維護他們捍衛自我的完整性，卻也容易流於為否定而否定，而非真有什麼高明的主張。結果只是讓原本就飽受孤獨感之苦的「自戀型人格傾向者」更加邊緣化而已。

如果你在自己身上發現了上述行為的跡象，請盡可能控制你的「否定性反射動作」。因為，跟隨時尚與合宜的儀容服飾並不會摧毀個人獨特性，任何形式的價值也都不需要建立在否定別人的價值之上。逛逛百貨公司，注意一下那些「時下流俗的當紅商品」，合理地消費，並透過買賣的過程，與世界建立起最初始、卻也最基本且重要的核心關係——一如哥倫布踏上新大陸時，與原住民在語言不通的情況下所能做的事：交易。這個簡單的動作，足以迫使自己走出自我框架，拿下曚住眼睛的遮罩，去看見別人在想些什麼。你得認真思考：為什麼這個東西這麼夯？到底買它的人是怎麼想的？而不只是一句「浪費時間！浪費錢！無聊！」就草草帶過。如此一來，這世界的色彩將會慢慢恢復，再度變得多采多姿，值得你留戀與逗留。

3 可能的話，走出家裡，增加社會參與

不要把自己關在家裡。可能的話，增加社會參與，與更多人互動。這裡指的不是透過網路，而是實質、面對面的互動，例如：報名學習課程、養成嗜好、參與公開活動、參加社團等等。

在這些實質互動中，必然會出現許多「等待」「寒暄」「交通」等時間與空間的浪費；雖然在網路上，這些問題都可以壓縮到最小，偏偏對「自戀型人格傾向者」而言，這些「浪費」是有其意義與必要性的。理由在於：自我對話的效率是最高的，獨自學習也是，而自戀型人格傾向者原本就有著寬廣而巨大的自我，天生善於自我對話與獨自學習，也已經習慣於高效率的資訊存取，一旦與其他人產生互動，往往無法忍受其低度效率，另一方面，也不善於表達或理解。

把自己關在家裡，透過網路與電視媒體跟社會互動，就會變成另一種高效率、但極度簡化的人際互動模式，等同是自戀型人格傾向者「人際互動能力的奶嘴」，長期使用的結果，就是無法斷奶，無法真正走出去，面對更複雜、卻相對沒效率的真實互動。

倘若缺乏真實互動能力，自戀型人格傾向者就很難從社交行為中學習到等待、忍耐、同

理、彼此尊重、相互支持、真誠關懷等經驗，而這些經驗正是最有辦法幫助一個自戀型人格傾向者從自我的狹小世界裡走出來，真正勇敢地邁向完整的全人世界。

4 時時刻刻提醒自己

由於人格有慣性，偶然的頓悟若無法延長它的效用，仍會在時間的長河裡被人格慣性所覆蓋而銷聲匿跡，完全起不了作用。

特別是自戀型人格傾向與戲劇型人格傾向，這兩種都是優勢人格特質；既然是優勢人格特質，就代表它們本身也可能在個案身上扮演某些功能，例如：讓你擁有個人粉絲，或是自我感覺良好等等。但這類具備功能性的良好感覺經常反過來成為自我突破的阻力——因為捨不得放開這樣的優勢，使得改變的動機逐漸削減，一段時間之後，就不再想改變了；即便知道這些優勢的代價都相當高昂也一樣：擁有良好感覺後，就得付出更多負面情緒來補償。可惜當局者迷，人都是貪圖眼前利益的。所以，對於自戀型人格傾向者而言，想要改變現況，就需要更有紀律地不斷提醒自己，才有辦法真正做到自我突破。

我懷疑自己有戲劇型人格傾向，該怎麼辦？

1 不要衝動，先跟「過去的自己」商量，養成行為一致性

「戲劇型人格傾向者」具有強大的煽動力，能夠說服別人，當然也能說服自己，更能被別人說服。比如說，決定對一件事情採取A計畫，但過不了幾分鐘，就可能被心中的另一個聲音給說服了，決定改採B計畫；過不了幾分鐘，又會冒出一個C計畫來；萬一這些計畫遭到其他人（觀眾）反對，戲劇型人格傾向者會馬上改弦易轍，立刻生出一個D計畫。結果就是永遠拿不定主意，偏偏他們又很能說服旁人，所以每次轉折都好像是原本計畫中的一部分。搞到最後，合作夥伴瀕臨崩潰，而他們也難以自圓其說，更不知道自己到底想要的是哪一個計畫。

如何堅持自己的想法，不再三心二意，讓言行趨於一致，是許多戲劇型人格傾向者長久的期待。以下介紹一套思考練習法，如果你發現自己也有這樣的困擾，可以試著做做看：

由於戲劇型人格的說服能力太強了，徵詢別人意見是沒用的。因為當你心中想著A計畫

時，你就會暗示被詢問者回答「A計畫比較好」，最後果真得到你當下要的答案，和自問自答沒兩樣；但等到你心意改變了，想選B計畫時，不管問誰，還是會得到「B計畫比較好」的答案。

所以，「戲劇型人格傾向者」不能向任何人發問；相反的，你只能向記憶中的自己發問。你可以拿一本小筆記本，以今天為基準點，依照待決定事件的性質，設定適當的間隔（每小時、每天、每週等），以及要觀測幾次（例如十至二十次），此後，每逢固定時間點，你就「採訪」一下自己，把自己對「待決事件」的看法並寫下來，當做「那個當下的你」的選擇。等到時間終了，翻開小冊子，由不同時間點的你共同表決，看看結果如何，而你也必須嚴格執行，不得有誤。

舉個例子來說：倘若你猶豫著是否該從A公司跳槽到B公司，而B公司給了你一個月的猶豫時間。你可以從當下開始，每天記錄自己的想法，思考去留。你得像大陪審團的成員一樣，每天你都只有一票，早中晚任何時刻都可以投票，但決定了就不能改變。

一個月過去，等於三十位不同時間的你都投了票。到最後，依票數統計出結果，而身為最後一天開票的你，就宛若英美法系中的法官一樣，必須根據三十位大陪審團的決議來執行，不能恣意妄為。然而，到底要怎麼著手執行跳槽步驟，就是身為「法官」的你的裁量空間。

看在一般人眼裡，這簡直是瘋了，何必把簡單的事情複雜化到這種程度？但是如果是戲劇型人格傾向者，應該能明白利用「戲劇角色」幫助自己下決定的重要性——正因為戲劇型人格傾向者把日常生活當成一齣又一齣戲來演，與其對抗，不如順勢把歷時性的自己統統拉出來，給每個人設定一個角色（大陪審團）、擁有投票權，並讓最後一天的你賦予執行的義務（法官），此時，效率反而能有效提高，也能讓三心二意的自己達到均衡狀態，不再那麼容易猶豫。

當然，倘若待決事務的時效性很短，只有三天，那你的時間間隔可能就得縮短為半天一次，一共只徵求六個自己的表決。

嚴格執行這項方法，不僅可以讓自己的行為趨於一致、提高執行效率、減少日後後悔的機率，還能讓別人比較有辦法跟自己相處、降低人際衝突、改善關係。

2 謹慎面對別人的過度稱讚

戲劇型人格傾向者在生命的長河中，很容易出現吸引仰慕者的片段時光。一旦有過這類經驗，就很難忘懷；偏偏，那種經驗是有毒的。

我見過很多位上了年紀的個案，現狀都很好：身體健康、家境富裕、小孩長大各自有成就，檢視他們的人生經驗，也都非常精采，往往參與多種社會活動，朋友眾多，眾星拱月。但他們共同的困擾都是：現在很不快樂，而且找不到原因。最後，我發現唯一能讓他們不快樂的，就是跟過去的自己比較：他們永遠忘不了那種被眾人仰慕、追隨的經驗，然而卻已不復當年。

戲劇型人格傾向者需要比一般人更加謹慎面對旁人的高度肯定，因為戲劇型人格傾向者特別容易耽溺於這種經驗而離不開。甚至連「啊，妳兒子怎麼這麼可愛！」這種肯定，在多年以後，也會發酵為「唉，小孩長大了，都有各自的意見，現在已經沒有人想跟我出門了」的深沉遺憾。對於一般人而言，可能只是很自然需要面對的現實，對於戲劇型人格傾向者而言，卻會演變成為很難去除的憂鬱。

所以，倘若自覺有戲劇型人格傾向，就必須主動「控制」別人的過度稱讚，以免日後得連本帶利奉還這些情緒債。「控制」的方法並不是直接叫別人不要稱讚或仰慕你，而是停止自己因為受別人稱許而變得更活躍、更放閃，簡單講，就是低調一點，保持內心的平衡，不要讓別人的稱讚與仰慕把自己搞得太嗨，忘記了自己是誰。

3 不要離舞臺太遠

戲劇型人格者固然會因為渴求別人的目光而做出許多不利於自己的行為，諸如過度誇大而損及自己信譽、為求效果而讓自己置身險境，也可能只為了討好「觀眾」而忽略自身應有的責任或事務。但是，若完全違反人格的天性，徹底隔絕別人的注意力，反而會讓帶有戲劇型人格的人喪失動機，使生活變得頹廢而散漫，這絕非好事。

就如同先前所述，戲劇型人格者終究是舞臺之子，仰賴別人目光而活的你，不能離開「舞臺母親」太遠，必須適度地被別人看見，才能保持在自我覺察、不會過度放鬆、生活沒有目標、毫無秩序的狀態。

具體來說，就是能工作就不要輕言退休、能晉升就不要輕言放棄、能跑客戶就不要坐辦公室——即便想退下來休息，也要預先安排好接下來的充實生活，就當自己天生勞碌命。維持你原有的生活常規、人際互動、行事風格；可以變得比較低調，但不要完全沒聲音；在不傷害自己與造成別人困擾的前提下，繼續做你自己。倘若你無法判斷自己的所作所為是否有害，就回過頭來採用前面所講的方法：凡事跟「過去的自己」一起投票表決，利用時間的變遷，在多變的自己之間取得平均值，確定這件事情的無害性後，放膽做下去。

當你意識到自己的所作所為終將受到別人所檢視，不能胡搞瞎搞；一切努力都不會白費，而任何怠惰都將在觀眾的目光下無所遁形時，你的成就動機就能比一般人明顯提升。戲劇型人格者需要有目標、有觀眾、有掌聲，得讓自己的人生活得精采，才不至於落入一個既沒有動機，也對自己毫無期待的死胡同裡。

我懷疑自己有反社會型人格傾向，該怎麼辦？

1 從自利的角度思考道德與法律，把風險納入考量

身為反社會人格傾向者，你不會相信「善有善報，惡有惡報，不是不報，時候未到」這種說法，但是，如果加入「機率」問題，重視功利主義的你就得重新考慮一下：自己是否還能那麼現實？

在某種程度上，道德並不是一種單純利他的戒律，而是保護自己的法則。正是基於風險

無所不在，嚴守道德規範，才有辦法降低個人的風險。舉個例子來說：自己所經營的公司遭到對手惡意攻擊，你可以選擇繼續與之周旋，也可以選擇動用人脈關係，不論是透過民意代表施壓，或是找個熟識的角頭，帶幾個小弟去壓場面。

乍看之下，每個選擇都只作用於自己目光所注視的對象身上，但其實不然，別人也同時透過你的行為逆向解析你這個人。作為越是遊走在法律邊緣，看在別人眼裡，就越會覺得「喔，你是這樣的人」，影響所及，便是日後與其他人談條件的困難度。我們當然可以採取更隱密更迂迴的方式，但相對的，事跡敗露時的嚴重性也越高，如果再加上平時維持這些關係的成本（一旦投入就無法收回的「沉沒成本」），你並無法在實質上得到好處。

當然，我無意說服任何人，因為反社會型人格傾向者本來就不會被說服，但你可以建立起一個專屬於自己的「完全從自利角度去檢視的社會規範、法律與道德」，而且，要記得加入風險與機率的概念，如此一來，你的選擇才會更加貼近自己期待獲得的最大利益。

2 正視自己的衝動性與情緒不穩定

反社會型人格傾向者往往聰明一世，卻敗在一時，而且往往只是一件很小很小、無關緊要的事件，諸如：好不容易幹掉了全部的競爭對手，吃下八成的市占率，卻因為情緒失控，暴跳如雷地痛罵一位小職員，小職員憤而向商業軟體聯盟（BSA）檢舉公司使用盜版軟體，由於檢舉事證確鑿，BSA會同警方現場人贓俱獲，以天價賠償了事。

這樣的結果，應該完全出乎事主意料之外；即便有想到，在當時氣焰正盛的時候，也是頂多用一句「諒他也不敢！」帶過。直到東窗事發，才會知道事態嚴重。

事實上，要不是反社會型人格者對於自己的情緒控管能力實在不太好，要不然，他們一定能攻占更多主流社會的舞臺。成也人格，敗也人格。反社會型人格雖然在自己注意的事件上很能沉得住氣，但在其他忽略掉的地方，就會變成不斷宣洩暴怒情緒的出口，這是要小心的地方。

3 少接觸會改變意識的事物，如毒品、酒精等

反社會型人格違常者，有物質濫用（藥品與毒品）問題的比例相當高；而體現在反社會型人格傾向者身上，管制類藥品與酒精使用——特別是飲酒的問題最是嚴重。

由於反社會型人格者本身就很容易做出魯莽、衝動的行為，在酒精的推波助瀾下，更容

易鬧事，將自己辛辛苦苦努力的成果毀於一旦。如果你自己認為有反社會型人格傾向的話，千萬要養成一個概念：時時刻刻要保持清明的腦袋，好隨時應付各種突發狀況，否則，你的人格特質很容易拉高自己的人生風險。萬一風險實現，而你又喝得醉醺醺的，危機控管誰來經營？身為一位反社會型人格傾向者，應該要有「自我要求必須更高」的自覺，否則，再冷靜的思考、現實而明快的抉擇，都抵不過迷迷糊糊時的自己造成的失分。

4 增加自己的學識，不要靠個人經驗打天下

反社會型人格傾向者容易高度仰賴自己的個人經驗，自行其是，按照自己想像的方式來經營自己。能力出眾的人固然會因此成功，但若能再加上一些從別人身上學來的經驗反芻後的結果——也就是學問與知識，那就更能節省時間、精神和體力，更有效率地達成自己的期待。

反社會型人格傾向者不宜過度看重所謂的「經驗」，而輕忽「理論」的重要性。恰好相反的是，反社會型人格傾向者的社會經驗往往已經很充足，因此你所需要的，是將自己的經驗抽絲剝繭，從中找出一定的規則，與課堂裡的理論互相應證，將能更有助益。

萬一我是邊緣型人格違常，該怎麼辦？

由於邊緣型人格者幾乎難以避免地會以人格違常形式呈現，因此這裡就直接以邊緣型人格違常來說明。

1 改良自傷技術

因為自傷的目的在於轉移情緒，所以，如果能改良自傷方式，那將是一大進步。

割腕之前請先想一想，你還要繼續使用這個身體很多年，今天能不要留下刀疤的話，就不要留下刀疤，也許改用鈍鐵尺劃劃看，或者用指甲掐自己的皮膚，或是任何可以帶來痛覺、卻不至於留下傷痕的方法，都是很好的改良。如果真的做不到，那就設法保持刀片的清潔，務必消毒，割在日後可用衣服遮蓋住的地方，例如上臂處，也是一種進步。請記得：雖然此刻我們打不贏邊緣型人格那惡魔，但只要能少輸一分，就算是多贏一分。

2 認識你的思考邏輯

了解自己越深，就越有機會幫上自己，走出邊緣型人格違常的困境。認識什麼叫做「非黑即白」「全有全無」「全對全錯」，搞清楚自己是怎麼看待這個世界的；而且知道就好，即便改不過來，也不必有心理壓力。如果可能，請認識所謂的「如同就是（as if）」這個症狀，明白自己會把「想像中的恐怖預期」當成「真實已發生的事」來身歷其境，感受與真正發生時一樣的恐怖與害怕。比如說，你會因為被伴侶拋棄而難過、痛苦、憤怒、掙扎，等到情緒過後，你才會想起來，自己只是做了一個假設——「萬一」被伴侶拋棄，自己會變得怎樣。實際上根本什麼也沒發生，但你已親身體驗到了所有被拋棄的痛苦情狀。

3 明白自己對於「關係」的多重矛盾

你得明白，對於各種人際關係（不管是親密關係或朋友關係），自己心裡都存在著一種多重矛盾：當關係存續時，你極度擔心失去它，所以會不斷進行測試，同時也擔心自己的測試可能引發對方的不耐，導致真的放棄這段關係。一旦對方真的受不了被你再三測試，而有放棄關係的可能性時，基於排山倒海的恐懼，你可能會乾脆先行切斷關係，或「想像」被對方切斷關係，隨後陷入極度憂鬱和憤怒當中。當關係真的斷裂（無論是暫時中斷或永遠結束）時，你會感覺到強烈的罪惡感與自責，並開始以自傷來懲罰自己。

當你懂得夠多，就可以跟伴侶與親友討論，讓他們也來認識你；或者，如果你始終搞不懂自己幹了些什麼，就請他們描述你發作時的行為。切記，不要隨便否定當時的自己，也不要感覺到羞恥或愧疚，因為那是你在發作下失控的狀況，並不是自願的，無論是你或任何人，都不應該為此感到自責，更不應該因此受責難——因為光是責備，完全無助於邊緣型人格症狀的改善。

4 訓練你的支持系統

也許你控制不了自己的情緒，無法學會不以「全有全無」或「非黑即白」的方式來面對問題，但至少你能讓伴侶或身旁的親友知道，自己有著怎樣的思考邏輯，讓他們反過來懂你。知道在你最狂亂的時候，需要的不是叫你理性一點，不是叫你別想太多，更不是講一堆大道理，而是單純的陪伴，甚或是大大的擁抱，陪在你身邊，讓你不害怕；知道別管那個

「失控的你」在罵什麼，而是挺過情緒風暴，不要受到你的傷害，因為事後你看了也會內疚難過。對你而言，任何人成為受害者都是一種心理負擔，反而會讓你更有壓力，並且累積在心裡，提高下一次發作的機率。

這一切都要趁你還在平和狀態的時候完成，否則，當情緒風暴來臨時，一切都來不及了。不必擔心對方會因此放棄你——對方早就把你發作時的醜態都看在眼底；如果會放棄，早就放棄了，能留下來的，都是一個願打一個願挨的。你要做的，就是不要讓對方太早對你死心，只要讓他堅強起來，學會怎麼在你情緒風暴來臨時存活下來，你就不會失去他。

如果他真的不知道怎麼辦，帶他一起去看心理諮商。

5 與醫師好好溝通並配合藥物使用

光靠心理與團體的力量，不是不能處理「邊緣型人格違常」的問題，問題是，C/P值夠高嗎？速度夠快嗎？美好青春不過就那幾年，每發作一次，生命就少了幾個禮拜；每分手一名伴侶，生命又少了好幾年。就算治療好了，人也老了（邊緣型人格違常患者通常到四十歲以後有可能會改善），還有什麼意義呢？為了搶救有限的生命，並提高生活品質，對於邊緣型人格違常患者而言，適當的藥物是值得的。

選擇性血清素再吸收抑制劑（SSRI）會讓神經突觸中的節前神經元只釋放血清素，卻無法再吸收（藥效的關係），使得神經突觸中的游離血清素上升。這會激發兩個效應：第一個是血清素分解酶加速分解血清素，導致突觸間血清素總量下降，這能確保血清素不至於過量，引發其他不可預期的反應（例如幻覺劑效果等）；第二是節後神經元的血清素接受器因為無法承受過多游離血清素的刺激而向下調節（減少接受器數量），這種情況會在連續用藥四到八週後產生。之後，血清素系列神經系統的增強作用會下降，這可以幫助邊緣型人格違常患者增強自己的自我控制力，減低情緒風暴的強度。

血清素再吸收抑制劑（包括SSRI、SARI、SNRI）①經常使用於抗憂鬱藥物，但其他非血清素類的抗憂鬱劑，例如：必博寧、煩多閃②等，用於邊緣型人格違常患者的情緒自我控制

注釋

①SARI為「血清素第二型受體拮抗與再吸收抑制劑（Serotonin-2 antagonist/reuptake inhibitor）」的縮寫；SNRI為「血清素與正腎上腺素再吸收抑制劑（Serotonin norepinephrine Reuptake Inhibitors）」的縮寫。

②必博寧（bupropion）是一種正腎上腺素與多巴胺再回收抑制劑（NDRI）；煩多閃（valdoxan）則是第二型褪黑激素接受器促效劑（M2），與必博寧同屬於非典型抗憂鬱劑，不影響血清素，避開了許多傳統抗憂鬱劑的副作用。

時，是否能有相同的效果，仍有待研究。

通常，臨床醫師會有依各自經驗所形成的藥物「獨門祕方」，但至今仍沒有邊緣型人格違常的特效藥。請與醫師好好討論用藥，並熟悉自己所使用的藥物、了解每一種藥物的副作用——特別要注意「發胖」這項副作用。因為體態的改變往往會惡化邊緣型人格違常患者的自我感與情緒，讓心理問題更難以處理。所以，所用藥物中若有可能導致發胖的藥物，不妨詢問醫師使用該藥物的利與弊，以及相關對策（例如：國外常採用「二甲雙胍」〔metformin〕之類的藥物來抵銷精神藥物的發胖副作用，而不只是一味叫患者去運動，不過這種藥物可能需要自費）。

萬一我是反社會型人格違常，該怎麼辦？

基本上，反社會型人格違常患者很難有自我覺察，而且也不太可能願意買書，以及有耐心慢慢閱讀到這裡。

我們會給你的建議是：直接到醫院找醫師確立診斷。

由於反社會型人格違常並不是透過單次或幾次門診就能確診的，所以你可能要有心理準備：醫師會幫你安排臨床心理師以進行心理衡鑑③，還會請你提供相關的過往資料以供佐證，必須會花費一段時間，才有辦法確定自己是否罹患反社會型人格違常。

萬一我是自戀／戲劇型人格違常，該怎麼辦？

由於醫療系統對自戀／戲劇型人格違常給予的關注，遠少於反社會人格違常與邊緣型人格違常，所以，醫療專業對自戀／戲劇型人格違常提供的服務，向來也少於另外兩種人格違常。

因此，如果你只是在測驗中發現自己符合自戀／戲劇型人格違常的診斷，不一定要馬上

注釋

③指利用各種資料蒐集方式，描繪並解釋個案心理狀態與行為的臨床工作。

到醫院報到，而且醫師面對這麼主動且配合的「人格違常患者」，可能也不知道該給予什麼協助。畢竟，邊緣型人格違常患者會割腕、吞藥、鬧自殺、想開瓦斯同歸於盡……需要醫療資源介入；反社會人格違常患者會造成別人危險、成為潛在社會亂源，除了司法問題外，也需要醫療資源介入。至於自戀／戲劇型人格違常患者，即便搞到天怒人怨、拋妻棄子、沒朋友、人見人嫌而不自知——問題是，顧人怨不犯法、厚顏無恥不犯法，沒朋友更不犯法，自我感覺超級良好的人更不想自殺，除非是自戀／戲劇型人格違常患者以「作態性自殺」（拿自殺當做達成某些目的的手段）來威脅親友，否則醫療資源能切入的點其實很有限。

你不妨先試著把診斷的問題擱下，回到自己生命中的課題。或許，尋求心理師的協助是另一條不錯的選擇。

倘若你想確立診斷，不妨找臨床心理師進行心理衡鑑，像是可以透過醫院的心理科、身心科診所、心理治療所尋求協助。

如果你希望解決問題，不妨直接找諮商心理師，進行心理諮商。諮商是一個需要長時間才能看出效果的歷程，你得先衡量自己的經濟狀況，選擇在負擔範圍內的治療師。最快的途徑，就是從到處林立的心靈診所（心理治療導向的身心科診所）、心理諮商所中，尋找適合自己的諮商師。

第 8 章

我該如何協助身邊的 B 型人格者？

如果親朋好友有B型人格，我該怎麼辦？

1 讓他知道自己是B型人格者

絕大多數的B型人格者都有一種困擾：自己的行為不被了解，說出去，會被他人嘲笑；問醫師，醫師說你沒病；吃藥不會好；很多地方就是過不去。每天與以下幾點特質為伍，卻說不出自己到底怎麼了……

一、失控的情緒
二、眼裡全是自己
三、一切隨時會幻滅
四、行動就是救贖
五、真實與虛幻只在一線之隔
六、孤獨只是我的身影

通常，人們在知道問題所在的瞬間，會有種如釋重負的感覺。因此，身為旁人的我們什麼都不必做，光是讓他們知道自己是B型人格者，就已經是幫上最大的忙。

2 好好討論這樣的特質

倘若你跟對方因共同生活或工作的關係，必須有密切的接觸，而對方的B型人格特質也真的造成你的困擾，不妨跟對方好好討論看看。或許，你們可以商議出一個彼此都可以接受的做法。記得讓他們知道：你針對的是他們的行為，而不是否定他們的人。

3 鼓勵對方走出來，適應這個世界

B型人格只不過反應了人格多樣性中的必然性，並無好壞之分。然而，由於B型人格者在人群中所占的比例較少，被主流社會所沖散，有如孤島上的島民般，彼此不知道對方的存在，因此更顯得弱勢：一方面缺乏學習典範，不知道怎麼發揮自己所長；另一方面，所做所為容易遭到誤解，被其他人汙名化。

要解決這個問題，就必須設法讓他們走出來，讓大家認識B型人格；並善用自己的優點、隱藏自己的缺點，與社會大眾共存共榮，才是長久之計。只是，如果沒有大家的鼓勵與支持，要跨出那一步，坦白講，並不容易。

如果親朋好友有自戀型人格傾向，我該怎麼辦？

1 用最低限度的頻率邀請他加入這個世界

適度發出邀請，讓他有機會參與大家的活動，不要讓他落單。基於自戀特質，他不會太喜歡面對真實世界的自己，使得你的邀請很有可能落空，但效果依舊會產生，因為對他而言，這樣的邀請意味著：外面的世界依然有人在意他，並沒有遺忘他，你的行為等同打開他的世界，並垂降一條救命繩索。看著這條繩索，也許他不敢有所動作，但內心其實還是會有點小小的騷動，猶豫著是否該拉住這條繩索爬出去？

邀請的頻率毋須太高，對於得到回覆的期待也要降到最低，因為你有可能只是單方面不斷提出邀請罷了。事實上，對於自戀型人格傾向者而言，太過熱情反而是一種壓力，很可能會以嫌惡來回應你。

2 把對方的負面情緒回應給他自己

倘若他使用氣焰囂張的外表做為掩飾，那你也不必客氣，可以跟著變冷淡，忠實反映出「你畢竟還是活在這個現實世界，別人並沒有義務要看你的臉色過活」。但你依然可以在經過一段較長時間後，繼續與對方連絡，視情況決定是要提高彼此互動的頻率，還是繼續維持低度互動。

關鍵技巧在於情緒反饋的同步性。讓對方明白你並沒有惡意，但要是對你耍脾氣，你可不會買單；他丟什麼情緒出來，你便原樣奉還，而且不會加收利息或罰金——最後這點很重要，你不能放大彼此的傷害，否則就會反過來變成你在宣洩自己的情緒，對彼此的關係毫無益處。

3 不要把他們當成雞蛋呵護，深恐不小心打碎

面針對自戀型人格傾向者，你一樣可以有情緒表達，不要太劇烈就好。一來，因為在B型人格者之中，他們的自我強度是相對較高的，平時的情緒表達對於他們的傷害影響也較小。在當下，他們的玻璃心也許會碎掉，但隨著時間會慢慢黏合，恢復原狀；前提是，你的情緒表達必須是正常人能接受的尺度，不能太過分。二來，把自戀型人格傾向者當成「特殊人物」來小心呵護，會讓他們很不自在，覺得自己被當成殘廢、異類、可憐且沒用的人，反而更覺不滿與憤怒。要是哪一天你終於按捺不住、無法陪笑臉時，累積的情緒一爆發，對雙方的傷害更深。

4 不要試圖透過理性來「開導」對方

請不要幻想「自己講大道理給他聽，他大澈大悟，痛改前非，然後洗心革面，重新做人」這種情境——這是最要命的幻想，因為人格問題不是改變認知就能解決的。充其量，對方只能做到「心有餘而力不足」，就像個案們常說的：「道理我都懂，但我就是改不了。再

跟我講那些，我只會更氣自己是個沒用的人。」

人格問題是人性最深沉也最無力的情緒糾結，對方需要你的深度支持、諒解與同理，看見深藏在行為背後的真正意思，不要隨便亂下斷言。如果願意給他時間，站在他旁邊，他就有機會走出來。這是一場與時間的拔河，需要的是平常心與耐心，唯一不需要的，就是什麼感人殊勝的大道理。

5 不要企圖藉由團體力量帶動他、改變他

如同上一點，很多人也會有一種想法：把自戀型人格傾向者介紹給一群朋友，或是帶對方到某個教會、參與某項活動，利用團體的力量，產生潛移默化的影響。

這種想法對「邊緣型人格」或「反社會型人格」這類低自我強度的人格類型是有用的，但是對「自戀型人格」而言，恰好會造成反效果。想像一個畫面：你把一張黑紙貼在一面白牆上，請問，這面白牆會讓黑紙「潛移默化」得看起來比較白一點？還是因為有白牆做對照，讓黑紙顯得更黑了一些？當然是後者！當你將自戀型人格傾向者帶到一群性格完全相反的團體當中，只會讓他覺得更不自在，更覺得自己與別人的落差很大，並用嫌惡與貶抑來抗

拒他人的善意接近。結果就是他縮回內心「殼」的深處、更加自我中心，用傲慢與倔強來招呼你找來的好心團體或朋友們，或者根本不理會他們，讓你兩面不討好。

6 可以把對方想成：成長中的小孩正嘗試走入社會

小孩的世界是完全自我中心的，在長大的過程中，他們得學會怎麼接納別人、共享這個真實世界，而友誼就是在這個階段發展出來的。在與朋友互動的過程中，孩童會逐漸意識到，這個世界還有其他人存在，不能只顧自己，也得注意到他人的感受。自己並不是宇宙的核心，就算沒有自己，地球依然會轉動；然而，如果多了自己的參與，世界會因此更加美好。

自戀型人格傾向者在這個階段中停滯了，使得他們經常流露出來的情緒中包含：孤單、沮喪、脆弱易碎的外殼、過度放大自己的情緒、陰晴不定、活動力隨著當下的心情與自信而改變。我們所要做的，就是展示自己的友善，歡迎對方遵守這個世界的規矩，走出他那小小的自我內心，來到這個真實的世界。

如果親朋好友有戲劇型人格傾向，我該怎麼辦？

1 不要隨著對方起舞

由於戲劇型人格傾向者很能從表情讀你的心思、演你想看的東西、說你想聽的話，因此，你有可能被討好到完全忘記自己是誰，也有可能被激怒到不可遏抑，也可能難過到痛徹心扉，更有可能高興到忘記對方過去所有沒兌現的支票。切記，把自己的情緒藏好，不要被對方的表演帶走了你的感覺與想法。

要時時刻刻提醒自己：對方不過是在演戲而已，這一切都是虛幻的；當對方下了戲，很有可能根本不認帳。最常見的反應就是：「我有說過這種話嗎？喔，你誤會了我那句話的意思……」所以，你高興什麼呢？難過什麼呢？生氣什麼呢？悲傷什麼呢？對方根本只是下意識在討你歡心而已，連他都難以自覺，即便你日後追問，除了跟對方翻臉以外，還能要求些什麼呢？更何況，對方甚至不是惡意的。所以，與戲劇型人格傾向者相處的第一要務，就是知道對方只是逢場作戲，絕對不要隨之起舞。

2 在聚光燈式的同理下，避免受傷害

戲劇型人格願意費盡心思搏命演出，細心呵護觀眾的每一絲感受；然而，一旦你不再是他的觀眾，抱歉，你對他而言就什麼也不是。戲劇型人格者的同理心好比聚光燈，被他們照射到的時候，會感覺無比溫暖；當他們將燈光移開時，則會感受到從恍若天堂掉入地獄的寒意。

這是戲劇型人格者（即便只有此人格傾向者也是）最容易傷人的地方：前後落差之大，會讓受害者徹底懷疑起自己的判斷力，甚至不敢再相信別人。千萬別落入這樣的陷阱，某種程度上，對方並沒有說謊，因為他真的不是故意的。戲劇型人格傾向者可以在毫不知情的狀況下，傷透了愛他或關心他的人之心。

解決之道是：直接把對方拉到面前，與他對質，讓他明白你的感受。如果你不說，他就真的不知道；因為當他沒注意到你的時候，就是一個毫無同理心的傢伙，跟先前富有同理心的模樣判若兩人、落差極大，不必感到太過意外，更不要為此掉下難過的眼淚。

3 不要隔著人群與對方互動

由於戲劇型人格傾向者非常具有煽動性，一旦身處人群之中，他就會開始興奮，進入「表演狀態」。這個時候的他，是即將粉墨登場的演員，根本就不是平時的他，不論跟他說什麼，他滿耳只聽得到群眾的呼喊聲，根本聽不到你說的話。想像鑼鼓喧天中，乩童起乩的模樣——當戲劇型人格傾向者走進人群、被群眾鼓動之後，就會宛如被附身般，這是高度受暗示性的、衝動的、很誇張的，此時絕對不是一個理性的對話時機。

相似的情況也會出現在社群團體，例如臉書粉絲頁、IG、直播平臺。請記得，此時的他已經不是原本的他，而是表演中的演員。如果你嘗試在這個時候與他互動，只會讓自己充滿憤怒或挫折，卻徒勞無功。比較恰當的溝通時刻，是在光線明亮、場地開闊、人數不多、對彼此都有足夠安全感的私人聚會，例如開放式的咖啡座，就是一個很適合的聊天場域。

4 面對順境中的他，不要給予過多肯定

戲劇型人格傾向者的狀態本身就很戲劇化，倘若他此刻處於得意狀態中，就會呈現出所

有戲劇型人格的特質，包括：吸引別人注意、誇大的行為與情緒反應、挑逗性行為、暗示性與爭議性行為等。如果你在不知不覺中成為他的「粉絲」，給予他過多肯定，只會讓他更強化自己的戲劇化行為。如果你們的關係是他在乎的，那麼，你的強化就會備顯重要，萬一讓他因此踰越社會的尺度，開始說出無法自圓其說的誇大言詞、許下無法實現的承諾，不等於是害了他嗎？

如果你真的在乎他，就別在戲劇型人格傾向者處於順境時給予過多肯定——事實上，多餘的激情、沒有必要的鼓勵，會讓戲劇型人格傾向者的自我過度膨脹，直到變成瀕臨自我崩毀的危險易燃物。

5 面對初嘗逆境的他，不要給予否定

如果最近他正好有些失意，那麼，他會顯得焦慮，急於回到原本的軌道，就像演員在舞臺上開了天窗，急著想把走調的戲碼圓回來。這時，他的內心正是脆弱，如果你開始檢討他先前的做法，不但對他毫無幫助，更與落井下石無異。他不但無法接受，反而會更強烈地想把一切遮掩起來。除了會讓你們之間的衝突加劇，還會讓他變得更急功近利，想走偏鋒，懷

著賭一把的心理，把先前的頹勢給贏回來，結果只會讓他失去更多。

或許你覺得，應該釋出善意，繼續給予稱讚與肯定，然而這種做法有其風險：如果他相信你的鼓勵，他就會離事實越來越遠，更難面對真相；如果他不相信，那麼聽在他耳裡，你所有的稱讚與肯定都帶有譏諷的意味。所以，最好的策略就是：消極地不給予任何否定，但也不給予什麼肯定或支持，就當成什麼也沒看見，靜待他自己走出挫折。

6 面對長期處於逆境的他，善用有條件的支持

最有意思的是，倘若他已長期處在失意狀態，這時，他有可能會刻意演出一個落魄的自己，以凸顯他根本不在乎這一切。這時，所有的支持都會變成一種默許，宛若你支持他繼續這樣頹喪下去也沒有關係，如此一來，你又會變成他另一種負面形象的粉絲。

這時候，我們要化被動為主動，就像訓練師對待表演中的海豚，每做出一個正確的動作，就馬上給予一條魚，在有條件的支持增強下，他會從一次又一次簡單的練習中獲得信心，再次走出來。

身處長期逆境中的戲劇型人格傾向者，會迷失自己的方向。這時候，你不能再當觀眾，

得反過來引導他，彷彿你自己就是導演，透過一連串的指示與獎懲機制，「指揮」他走出來。

如果親朋好友有反社會型人格傾向，我該怎麼辦？

1 理解對方的功利主義本質

反社會型人格傾向者即便不作奸犯科，但強烈的功利主義特質依然存在：該遵守的規則一定遵守，可以「偷吃步」的地方也不會跟你客氣。對他們而言，貼緊規則的邊緣，追求自己的利益最大化，是完全天經地義的事情，而且，不拿白不拿，絲毫沒有什麼羞恥心、罪惡感、良心發現等問題。

然而，既然是「人格傾向」而非「人格違常」，就充分說明了對方在盤算社會規範、利害得失之間，的確具備足夠的知識與智慧，同時也會遵守理性判斷。他們很清楚，如果破壞更多社會規範，可能會觸犯更嚴重的法律，導致對自己更不利的局面。正是基於這個理由，他們才選擇不傷害其他人。別忘了，他們從頭到尾都是基於自身利益的考量，才做出這一切決定，可不是為了什麼更偉大的情操或情誼——如果你對此有所寄望，那麼必然因此而失望。

與反社會型人格傾向者互動時，時時刻刻都得記住他們功利主義的本質，才不至於被他們的外表言語、談吐、穿著、表現所迷惑。他們永遠都是以自私為出發點的，只要知道這點，也就沒有什麼好害怕了。

2 不要輕言放棄自己的權利

就算你明白反社會型人格傾向者的功利本質，相處之初也許不會有問題。然而時間一長，就有可能開始漸漸遺忘這個原則，而對他們有些不切實際的幻想：希望因為彼此的長時間互動，使得他們身上能留存那麼一丁點「人性」，諸如：互信、尊重、不欺暗室等。然而，反社會型人格是一種持續而恆久的特質，並不會因短時間的良好感覺而有所改變。即便當事人從跟你的互動中學會了互信的美好，但是在下一次互動中，他依然會遵守人格中的本性，做出符合本性的舉動。如果你對此有所希冀，那麼必然會受到傷害。

在某種意義上，你必須放下身段，真正承認：反社會型人格傾向者遵守的是一套你不理解的功利主義法則，在物競天擇、適者生存的天地裡，這法則是有效的。固然，在一個物質與心靈上同樣達到高度文明水準的社會中，一個有人性、重法治的社會可以達到更高的生產效率；然而，身處於一個文明水準不夠的地方時，「只顧自己」或許是更有利於個體的選擇。「反社會型人格傾向者」之所以能存在，也許就是因為現實社會的不完美，而非他們有什麼「邪惡的本質」。所以，不要輕言想改造它，對方並沒有任何義務，需要被你的信任所「感化」。

3 不要被對方的魯莽與衝動所傷

反社會型人格傾向者雖然有個功利主義特有的理性外表，但內在仍有情緒流動，偶爾會形諸於外，變成衝動與魯莽行為。

一旦出現，我們就會看見他們身上的「狼性」，這部分不是用理性可以理解的。你既無法用任何方式解釋得通：他們為什麼要冒這麼大的險，做一些毫無利益的事？也不明白：他們何必把自己的粗野這麼赤裸裸地呈現出來？然而，這就是他們本質的一部分，因為他們對「全人」的尊重本來就不高，會出現這類行為也是合乎本性的。倘若你已經習慣了反社會型人格傾向者所呈現出來的圓融與和諧外表，當你見到對方魯莽與衝動的另一面時，請不要忘記，這也是他們的本質之一。倘若你要與這樣的人們互動，這部分是你必須充分了解、且要有心理準備的。

4 和其他親友之間保持一致態度

反社會型人格傾向者會在很自然的狀態下，去分化身旁的團體；即便知道自己面對的是對他友好的人們。他們會選擇性地對某些人比較好，彼此結盟；對另一些人（人數通常遠少於前者）比較壞，煽動其他人來攻擊這些人。

由於人性有「圍獵」的本質，打擊共同敵人可以促進彼此友誼，因此，反社會型人格傾向者很擅長在團體中找出「黑羊」，吸引大家來攻擊他，並藉此與其他人建立良好的關係；即便這只是暫時的同盟關係。等到黑羊掛了，他們就會再找下一個受害者。

一般來說，反社會型人格傾向者很能看出原本就存在於團體中的矛盾。例如：這群親朋好友中，大家本來就對某人（假設為A君）有微詞，而反社會型人格傾向者在平日的觀察下，會很敏銳地看見這點，並刻意拉攏其他人來攻擊A君，讓大家一同參與霸凌A君的歷程，並藉此建立自己的人脈與友誼，成為獲利的最大贏家。

倘若團體中存在著兩股敵對力量，例如小團體A與小團體B，反社會型人格傾向者也會很善於在兩者之間周旋，對小團體B講小團體A的壞話，對小團體A講小團體B的壞話，並誇大自己的影響力，讓自己變成雙方都想拉攏的對象。只要A與B兩個小團體爭戰不休，反社會型人格傾向者就能繼續獲利，而且不受拘束。

面對反社會型人格傾向者時，千萬要小心，應該團結一致，彼此溝通流暢無阻，否則，會越接觸，越被對方搞得一團亂。

5 異性的高估與同性的貶抑，面對他們時均需自我修正

很奇特的，反社會型人格傾向者容易給「不同性別者」較好的印象，認為他們是比較有創造力、有想法、富自由精神、思考靈活、具個人魅力的一群人；相反的，對於同性別者而言，評價則明顯低落，認為他們狡猾、做作、故弄玄虛、不真誠、不坦率的比例較高。

所以，如果是要去當說客，可以考慮找異性親友去說服當事人；除了這種場合外，每個人也都應該視狀況修正自己的評價與看法——有些時候明明是相同的作為表現，但解讀就是截然不同。

多聽聽其他人的說法，不要一意孤行，這是在面對反社會人格傾向者時的最佳態度。這不是「慧眼識英雄」或「狗眼看人低」的問題，而是一種因為人格特質造成的評價分裂問題。集思廣益，才能保持持平之論。

萬一親朋好友有邊緣型人格違常，我該怎麼辦？

1 明白這是人格問題，並不是他故意搗蛋

邊緣型人格違常患者往往有一種特質：很容易激怒旁人，特別是關心者的情緒。而且，

對他們越是用心，就越容易因他們而生氣。

「強烈的憤怒與高度的關心並存」，可說是面對邊緣型人格違常患者時的一個訊號，倘若你身上出現了這樣的現象，可能就得提高警覺了。之所以會有這樣的反應，在於邊緣型人格違常患者通常會呈現出惹人憐愛的外貌，讓旁人忍不住想伸出援手幫助他們。然而等你真的付諸行動後，就會發現：不管自己再怎麼努力，一切都像白費力氣似的——患者照樣三天兩頭割腕、尋死覓活的。前一刻還跟你保證不會再做傻事，轉眼間又情緒激動、當眾大吼大叫、聲稱自己再也無法承受；等到情緒平復後，又跑來跟你道歉，咒天誓地，聲淚俱下，一副深恐你就此放棄他的樣子。只是，再多深切的保證、再多痛徹心扉的悔改，都無法阻止上述鬧劇一再重演，你會感覺到自己不斷失望、被掏空，緊抓著那一點點可能改變的尾巴，卻不敢再抱持希望，又責怪自己這麼做會不會太冷血？

要明白，邊緣型人格違常者是給不出一個保證的，他們經常被自己強大的恐懼感「挾持」，做出一些自己根本不願意去做的事，又不敢拒絕你的請求。所以，當你硬拖著他們走向光明面時，他們根本不敢承認自己做不到，又不敢出聲駁斥，只好勉強配合你的「好意」。他們並無意搗蛋，只是不知道怎麼面對親友們一廂情願的「好意」罷了。

2 明白他無法因你的大力協助，輕鬆度過難關

了解邊緣型人格違常是一場長期抗戰，並不是一件輕輕鬆鬆就能完成的事情。在面對邊緣型人格違常這件事情上，人定勝天是沒有任何意義的：所謂「完全看你自己願不願意，如果你真心願意，一定可以做到」「只要你下定決心要改變，全宇宙的力量都會幫助你改變」「這是你的責任，問題只在你願不願意承擔，你不能逃避」「你要想想，我們多少人都希望你好起來，只要你願意，一定可以」……諸如此類的華美詞藻，只能感動親友自己；對於患者而言，這跟講幹話一樣，一點幫助也沒有。

幫助別人，最優先的任務是要去了解對方的困難處境，而不是傳達自己有多熱心與真誠；深陷困局中的當事人並沒有任何能力或義務要「體諒」你的奮鬥與付出，並改變自己、讓自己好轉——因為這根本是他做不到的事，要是他可以，早就自己走出來了，不需要多你一個人來犧牲奉獻。很多時候，有效助人的前提，在於克制自己的「自戀情結」，真正體認對方身上所受的痛楚：「邊緣型人格違常」這個病魔，並不會因為你的無私奉獻，而失去它的可怕影響力，不要因此逼死當事人。

3 了解當事人的關係障礙與相關思考邏輯

邊緣型人格違常患者的關係存在著障礙，他們很擔心自己在意的對象突然不再在乎自己，而且這樣的擔憂已到了完全不理性的程度。一般來說，邊緣型人格違常患者的關係障礙對象是男女朋友，但也有例外，像是對自己的朋友產生關係障礙。為了確保自己在意的對象仍然喜歡自己，他們會用各種方式去試探對方，而且，試探成功所帶來的安全感時效甚短，過不了多久，又會開始擔心，又需要再一次試探。

倘若不這麼做，患者就會覺得害怕；但即便這麼做，他們還是會覺得害怕，擔心對方受不了自己頻繁的試探而生氣，跟自己斷絕關係。結果進也不是，退也不是，把自己搞到焦慮無比。在患得患失之間，患者常常基於不存在的前提，推導出一大堆根本子虛烏有的結論，並因此被嚇得半死或氣得要命。例如患者會懷疑：「對方如果不愛我了，那我為他準備這麼多資料有什麼意義？只是越看越難過而已，不如統統刪掉算了！」等到刪光之後，才意識到：對方根本沒說不愛自己，一切只是自己的假設而已。但糟糕的是，文件已經統統被刪掉了，於是患者又開始自責，同時擔心對方生自己的氣。

儘管患者會覺得自己的行為很可笑，但就是控制不了，而且不這麼做也不行。甚至，他們會擔心自己萬一情緒上來、想不開的話怎麼辦？甚至有患者為此來求助：「我一點也不想死，但是我擔心萬一我在情緒當口把自己殺了怎麼辦？」

倘若你能同理上述心情，你就能發揮很大的支持力量。事實上，根本不需要多說什麼——多說多錯，只需要靜靜聆聽、肯定對方，不要附和對方的自責，光是這樣就很足夠了。當然，你們之間的界線必須劃分清楚，不要連自己也捲進去，公親變事主。

4 患者對同性敵意較高，必要時可由異性陪同

有些時候，你幫不了患者，問題不在於技巧或態度，而在於性別「犯沖」：對邊緣型人格違常患者來說，由態度中立的異性來給予支持，通常會相對有效很多。倘若遇上這種情形，也只好承認生物的本能，找個能讓患者接受的人出面比較好。當然，在這個情況下，千萬要提醒異性安慰者，一定得把持住，不要踰越協助者的界線，一路安慰到床上去（我得提出警告：這種情形其實頗為常見，特別是，許多年輕的邊緣型人格違常患者都長得滿漂亮的）。不管理由是什麼，「以身相許」的結果，對患者必然有害無益，甚至會造成日後協助者的困難，因為患者很可能因此不再相信其他的幫助者。

5 和其他親友的態度一致

跟反社會型人格者一樣，邊緣型人格違常者也是分化身旁親友的超級高手，而且有過之而無不及。他們會選擇性地對某些人較好，接受他們的安排；對某些人則態度惡劣，甚至到仇視的程度。最常見的情況是，全盤接受特定人物講的話；要是換了別人，一概拒絕。

反社會型人格者分化人群、結合多數派欺負少數，是為了謀取自身利益；但邊緣型人格違常者的原因與動機都不一樣，他們是因為認知功能中抱持著「全好全壞」「非黑即白」的概念來為旁人打分數。凡是被他們認定為好人的，就是天使，所有的話都值得信任；被認定有瑕疵的，馬上變成十惡不赦的大壞蛋，絕不原諒。所以，反社會型人格者所分化出來的好人永遠是多數（這樣才能結合起來霸凌少數），但是邊緣型人格違常者分化出來的好人通常是少數，因為任何「天使」一旦有瑕疵，馬上黑掉，變成「大壞蛋」，能繼續在邊緣型人格違常者心中登上衛冕者寶座者，不會太多。而且，這些人會因此更珍惜自己的「殊榮」，對患者更加百依百順，深恐自己一不小心就黑掉——其實，這正是邊緣型人格違常患者分化他人的動機所在。

因此，面對邊緣型人格違常者的時候，親友們必須更加團結一致、更加互通有無才行。

不要因為被邊緣型人格違常患者授予「天使」的特權，就輕易被收買。的確，沒有人喜歡自己突然黑掉的感覺，但是，千萬要意識到，這是患者控制人心的伎倆啊！

6 支持患者穩定就醫

邊緣型人格違常患者通常要到四十歲後才能趨於穩定，在良好的治療與充沛的資源之下，這個轉折點有可能提前到三十歲就發生。然而，不管幾歲，對於當事人或身旁的伴侶來說都是一個沉重的負擔。請設法支持患者、讓他能穩定就醫，並維持長期的治療關係；最好能在藥物與心理治療上雙頭並進；只是心理治療的負擔較為沉重，絕大多數的心理治療技巧也不在健保涵蓋的範圍內，所以，能否在心理治療與諮商持續得到支援，得視個人狀況而定，但在現今的醫療環境下，藥物治療是必然可得的，不要放棄這部分的協助。

雖然沒有邊緣型人格違常的特效藥，但有不少藥物可以降低患者情緒的爆發性，進而減少不恰當的行為，像是割腕、對人際關係有破壞性的暴怒行為等。

倘若患者的智商、教育程度較高，背景資源也夠，不妨嘗試接受較積極的心理治療，許多時候，患者身上會出現一些明顯的改善——顯著高於平均值，而且並不是太少見的事情。

萬一伴侶有邊緣型人格違常，我該怎麼辦？

由於實務上常見到一方是邊緣型人格患者的伴侶，彼此相依深愛互罵憎恨，大吵小吵不斷，卻又難分難捨，糾結多年，不知道這段感情是否值得繼續走下去，故特別加上本段說明。

雖然，很多書上都告訴邊緣性人格違常患者的伴侶，這樣的感情是沒有希望的，然而，實際上未必。感情建立在你們兩個人的人格強度加總：倘若你的人格強度很高，足以填補另一半的人格強度不足之處，那麼，這段感情還是有辦法維持的——雖然，會非常辛苦，不過，情人眼裡出西施，不是嗎？

如果你有個邊緣型人格違常的伴侶，而你並不想分開，那麼請務必記得一件事：內在情緒是最重要的資產；至於激情、無私奉獻的愛、轟轟烈烈的愛、至死不渝的愛——全都會過度消耗自己的情緒，讓你很快變得後繼無力，走不下去，只能基於不甘心，死撐著這段感情，又愛又恨地與對方同行，不斷分分合合，或是爭吵不休又難分難捨。

由於伴侶會不斷「藉故」升高彼此之間的情緒張力，因此你的任務就是降低彼此可能衝突的「事件」。記得喔，不是「吸收對方的情緒」，而是讓彼此之間完全不要有「可供衝突的事件」存在，更甚者，要從根本讓對方內心的魔鬼沒有可炒作的題材。避開所有的遲歸或徹夜未歸；每到一個地方，記得報告自己的行蹤。別忘了，你的伴侶非常沒有安全感，並不是因為不信任你，而是他沒辦法相信任何人，包括他自己在內；既然連自己都不信任了，就很難期待他能信任別人。這不是開玩笑，你只要從他眼前消失十分鐘，他就可以從被你擁在懷中的安心小貓，一變而成懷疑你劈腿的狂暴獅子。這是他的人格問題，不是你做得夠不夠多的問題。如果你要選擇這條路，就得包容這樣沒安全感的人格。現在有一些手機軟體，可以透過衛星導航，把你一整天到過的地方繪製成路徑圖，並記錄每個地方逗留的時間，你可以利用這類軟體，向伴侶交代自己一整天的行蹤。

不要太在乎他的傷人言語或發誓賭咒，這些全是氣頭上的話；你應該要做的是傾聽，並保持中立，不跟著起舞，並繼續執行你們在平靜時刻決定好的計畫，或你認為應該做的事，不帶太多情緒。

或許他也想傾聽你的心事，但他並沒有能力聽你訴苦，所以你的話語中只要一帶有情緒，他馬上會對號入座，認為是在指責他，結果就是你不斷辯解，但他一直想找你吵架。你得體認到這個事實：他不會是你分憂解勞的對象，千萬別找他發洩情緒——儘管事情跟他一點關係也沒有。

他的情緒經常陷於低落狀態，不知道自己活著有什麼用，並擔心你會因為嫌棄自己對你毫無幫助而想甩掉他。你得很誠懇地把愛他的理由說給對方聽——你總有自己的理由，請誠誠實實地說，但是要挑對方能接受的話。謊言是大忌，即便是善意的謊言也是謊言，都是非常不恰當的。對邊緣型人格違常者而言，謊言能造成的傷害，可能是好幾年都難以彌補的。說得更直白點，當對方發現你說謊時，就算他知道你是為他好，但內心一樣會嚴重受創；你對他越重要，他越無法承受。原因很簡單：如果你會對他說「善意的謊言」，那麼「我愛你」之類的甜言蜜語，當然也可能是在可憐他之餘說出來的「善意謊言」，事實上你根本不愛他！

同樣的問題也該問問你自己：你是可憐他？不忍心放下他？還是真的愛他？或者，你愛的只是有朝一日能改變的他？如果是後者，你可能得和他一起，投入更多心神與成本於心理治療上，並且明白，這是曠日廢時的一項浩大工程，而且未必能成功。唯一能告訴你的「好消息」是：越能讓伴侶做到下列幾點，好轉的希望就會越大：

一、盡可能減少割腕或其他自傷行為。若是做不到，改用不留下疤痕或傷口的方式比較好。

二、盡可能減少飲酒、使用大麻（不管你是否認為它是毒品）**、各種毒品、佐沛眠**（zolpidem，商品名為「史蒂諾斯」，一種短效型安眠藥）。

三、性愛可以釋放壓力，是個好的舒壓策略，但不要沉溺於窒息式性愛（一種使用壓迫頸動脈以求取快感的性愛技巧，有死亡風險）。

四、依照醫師指示，服用血清素再吸收抑制劑或相仿藥物，可以減緩情緒波動的幅度與頻率。

五、注意體態，不要發胖。邊緣型人格違常患者自覺能掌握的事情已經不多，倘若體態又走樣，打擊會很大。這問題常常出自醫師開立會升高胰島素拮抗（insulin-resistance）的藥物，造成難以控制的體重增加。這類成分可能存在於二代抗精神病藥物（如首利安〔Amisulpride〕）、非典型安眠藥（如思樂康〔Quetiapine〕）中，甚至三代抗精神病藥（如安立復〔Aripiprazole〕）也有。醫師通常只會建議多運動，但針對發胖的問題，目前已有解藥可使用。

六、盡可能維持住工作，或保持一個身分角色；如果不能全職，兼職也可以；如果無法承受就業環境，在家工作或擔任志工也行——總之，讓自己的生活有所意義，並能與其他人互動（超過五人的固定對象，但不要是流動性的人群）。

七、如有相關的病友團體，且互動較為去病化與積極的，也可參加。

八、想盡各種辦法，拖一年算一年。越接近四十歲，轉折點出現的希望越大；懂得更多知識，並接受適當而有效的諮商或心理治療，都有可能讓轉折點提前到來。

萬一親朋好友有反社會型人格違常，我該怎麼辦？

如果你有親朋好友是經過醫院診斷的反社會型人格違常者，那我得說：茲事體大了，問題不會單純只有醫療問題而已，應該還會牽扯上犯罪史，甚至會希望你配合警方辦案等等。這部分，我會直接建議各位配合醫療單位，做你該做的事情；否則以反社會人格違常患者的特質來說，是不可能自己乖乖去就診的。會被診斷出來，要不是因吸毒而勒戒，就是在訴訟中因辯護需求所進行的精神鑑定，或是在監獄中診斷出來，沒有一件是好事。

如果你所謂的「親朋好友是反社會型人格違常者」，是自己根據診斷規則而判斷的，那麼你必然陷入一個困境：很顯然，某種程度上，你懷疑這位親友已有某些犯罪者特質，又未必有具體的證據，可以指稱他到底犯了什麼法條。但你這種型態的「關心」不可能轉變為具體行動，否則等同是在懷疑別人的品性或有非法行為。因此，我更具體的建議是：先把「反社會型人格違常」的內涵弄得更清楚一點，再來做這樣的判斷。如前所述，我會建議你閱讀中野信子所著的《病態人格》一書，會讓你對反社會型人格違常者的犯罪與反社會行為有更全面的認識，以免鬧出笑話。

萬一親朋好友有戲劇型人格違常，我該怎麼辦？

1 以自我保護為原則

戲劇型人格違常患者在討好你的時候，可說是無所不用其極；然而，在不需要你的時候，會毫無罪惡感地直接背叛或出賣你，態度之冰冷與絕情，完全超乎想像。最糟的是，他們無法意識到自己在幹壞事。舉個例子：有位太太發現，原本最寵愛她的老公突然態度極為冷淡地想跟她離婚，由於反差太大，讓她錯愕到根本無法覺得難過，反而擔心老公是否罹患精神疾病。會談時，才發現先生愛上一位單親媽媽，而且很顯然帶著同情心態，因為對方年紀輕輕，丈夫就因車禍過世，還有一名年幼女兒，經濟狀況不佳，來應徵助理工作時認識她先生。重要的是，她先生因為這名單親媽媽條件不足，不予錄取，深感自責之下，才發展出這段關係。

戲劇型人格違常患者就像一把鋒利的刀，可以基於任何理由重重地傷害你，包括前面這個例子的利他行為——或根本沒有理由，直接反咬你一口。霎時，溫馨畫面變成劇場中的扁平布景，讓人措手不及。

要接近戲劇型人格違常者，第一要務就是明白對方完全深信自己就是劇中角色。前後的矛盾不一致，只不過因為那是不同劇目的關係，你千萬不要入戲太深，否則，幕起幕落，一切終將成空。

2 不要指責對方虛偽

不要期待用一句指責把故事說破後，戲劇型人格違常患者就會痛改前非，洗心革面，重新做人。

倘若你真的指責對方虛偽，對方的第一個反應一定是：「你在說啥？為什麼我聽得懂你講的每一個字，但接起來之後卻不明白你要告訴我什麼？」

經過幾秒或幾分鐘後，戲劇型人格違常患者才會慢慢意會過來，開始覺得自己受到侮辱。因為他們自認為真誠待人，完全沒有半點虛假；而你算老幾，為什麼要指責別人說謊？倘若你當眾這樣說，等於是要他的戲演不下去，公然轟他下臺。

戲劇型人格違常患者很容易讓旁邊的人覺得反感，甚至噁心，因為受夠了他們虛偽、矯飾、做作、誇張、大驚小怪、以及見人說人話，見鬼說鬼話的作為。但在生氣之前，請先想一想：指控對方虛偽有何意義？對方已經為了無法自我覺察，失去了多少真正的友誼與生命經驗，這並非對方自己能決定的。你的指控既然不能幫助對方覺醒，那又何必把對方推離？

3 不要挑動對方情緒

戲劇型人格違常患者由於缺乏說服與鼓動他人的能耐（關於這點，自戀型人格傾向者就很強），因此，他們留給別人的印象，差不多是：

一、情緒、行為反應的變化極快，誇張而不真實，宛若演戲一般。
二、如果不能成為眾人矚目的焦點，就會非常不舒服。
三、非常在意別人的目光，也會主動利用各種方法來引起別人的注意。
四、容易用具有性暗示或挑釁的言行態度，與別人互動。
五、經常說一些令人印象極為深刻的話，卻缺乏實質內容。
六、容易受暗示或煽動，但相對的，也擅長暗示或煽動別人。
七、容易過度高估自己的親和力，但實際上做不到。

你覺得自己能忍受上述特質幾項呢？然而，上述七項正是戲劇型人格違常患者生活的寫照，如果你無法忍受，就得想個辦法避開，至少要有個好對策與之因應，因為說不定對方就是你的配偶或老闆。不要因為跟自己不一樣，就逕自反駁或打臉，挑起對方的情緒，屆時對方可是會跟你沒完沒了。

4 不要試圖做深度同理

面對戲劇型人格違常患者，除非你是專業人員，或對自己的諮商技巧很有把握，否則不建議進行深度同理。因為戲劇型人格違常患者內在的創傷太深，無法由事業基礎或人際關係得到補償或慰藉，更不願意以「真面目」示人；時間一久，他們也不知道哪一張臉才是自己的「真面目」，背後隱藏的是巨大的自卑感跟不安全感。

倘若你對他們進行深度同理，就有如一位觀眾不安分地跑到了劇場後臺，直擊表演者下戲後花著臉、疲憊、汗流浹背等等諸多不堪。對於事事都想粉墨登場、以最好一面示人的演員而言，你覺得那樣的相見會有多尷尬？實際上，結果往往就是不歡而散。

5 盡可能鼓勵或陪同他尋求心理諮商

戲劇型人格違常跟自戀型人格違常一樣，都缺乏特定藥物可治療，而且，在醫學上的探索，遠少於反社會型人格違常與邊緣型人格違常，因此，不如改以「具體面對的生活問題」為出發點，求助於長期心理諮商，來得更實際且有幫助。

但正如先前所述，戲劇型人格違常患者背後往往隱藏著巨大的自卑跟不安全感，要他們自己跨出這一步，實在有難處。比較務實的做法，是由親近的人（通常是伴侶）陪同前往，減低他們的心理焦慮。至於會談時，旁人是否該在場，治療者自然會視實際情況告知。

萬一親朋好友有自戀型人格違常，我該怎麼辦？

1 以自我保護為原則

自戀型人格違常患者通常自我感覺良好，無視於現實情境，繼續我行我素；少數自戀型人格違常患者則會頤指氣使地使喚別人。然而更多的是透過抱怨、訴苦、否定別人等方式，間接要求別人聽他們的話。無論使用何種方式，他們關注的都是自己；即便談論的話題是別人，主題還是圍繞在自己身上。由於缺乏同理心，親朋好友若以常理相待，要不就是馬上被他們激怒，要不就是遭到嚴重的情緒勒索。若有心與自戀型人格違常患者互動，首先要保護好自己的情緒與感受，避免遭受到無情的攻擊。

2 不要想點出對方狂妄自大或其他不合理之處

自戀型人格違常患者缺乏自我覺察的能力，很難透過暗示覺察到自己的行為有什麼不對；要是把話說得太明，患者又會進入自我防衛模式，認為你刻意在攻擊他。在缺乏自我覺察與高度自我防衛的情況下，你的提醒將承受極高的被攻擊風險。

職場中，就常發生患者把他的上司想像成惡意攻擊者，於是透過各種方式來「正當防衛」，無論是在開會時當面駁斥、私下放話，還是離職後到處申訴、檢舉，目的都是要維護自己的「正義」。過程中，所有出面打圓場或指出他問題的同事，全部被他視為上司派來的走狗，讓他更加堅信上司無所不用其極地打壓，還擊也就更加猛烈。

自戀型人格違常患者很容易陷入這種一廂情願式的悲憤攻擊中。與其甘冒風險，逕自指出問題；不如隔岸觀火，靜待對方情緒自然冷卻，反而可能出現轉機。

3 講話時，要避免出現任何可能的威脅字句

有些時候，我們的用詞裡會出現足供自戀型人格違常患者聯想為「你在威脅我」的意義，但是跟說話者的原意一點關係也沒有。舉個例子，家人說：「你要用濕紙巾嗎？不用的話，我要收起來了，要用再去櫃子裡找。」

這句話聽在絕大多數人的耳裡，是不會產生特別反應的。你心裡會想：「要把濕紙巾收起來了，有需要的人趕快拿一張。」但聽在自戀型人格違常患者耳裡，可就不是這樣：「為什麼要拿走？為什麼非得現在拿？不可以等一下拿嗎？你這樣威脅我是沒有用的！」

自戀型人格違常患者通常是一個麻煩製造者，也是許多商家眼中的大奧客。當自命不凡的自戀型人格違常患者面對長期失意的狀況時，心情已惡劣至極，此刻，這世界對他而言就是一個戰場，人人都要排擠他、欺負他、占他便宜，連服務生都對他特別沒禮貌，你說他要不要抗議鬧事？同樣的，身為親朋好友的你，要是被誤會成在威脅他，後果恐怕不堪設想。

4 若想打斷患者的發言，要善用轉移注意力

自戀型人格違常患者很容易一開口，就口若懸河地講個不停，完全無視旁人是否還在聽，或是已面露不耐之色——事實上，就算他知道別人已經很不耐煩，還是會講下去。

直接打斷，會引發他的強烈憤怒。比較聰明的做法是：在適當的地方幫他做結尾，並由你講出來；或者把他的注意力引導到你想說的主題，不要直接讓他閉嘴，否則，自戀型人格違常患者對你的不滿會快速上升。

各位不妨把自戀型人格違常患者當成長不大的小孩。試想，當小孩堅持要拿著手裡的玩具、不肯放下時，你會怎麼做？跟他講大道理嗎？罵他嗎？搶走玩具嗎？大多數的媽媽都清楚一個方法，那就是轉移注意力，叫孩子看別的地方。當孩子的注意力被其他事物吸引時，原本緊握在手中的玩具，也就能輕輕放下了。小孩如此，自戀型人格違常患者也是如此。

5 自戀型人格違常患者是塊試金石

一般而言，自戀型人格違常患者很容易激發其他自戀型人格者的怒意，因此，與患者

相處的時候，同時也是考驗自己人格的好時機。倘若你發現自己容易被激怒，不妨多注意一下，看看自己是否也有自戀型人格的特質？

不管在婚姻或辦公室，能吵得激烈，往往代表兩人的性格高度相近：否則，我在意的你不在意，你在意的我不在意，這場架要怎麼吵得起來？正因為雙方人格特質相同，兩人才會鑽入同一個牛角尖，彼此不相讓，吵起來特別凶。

6 盡可能鼓勵或陪同他去找心理諮商

自戀型人格違常跟戲劇型人格違常一樣，都沒有特效藥，而且，與反社會型人格違常及邊緣型人格違常相比，我們對於其成因與病理機轉所知也相當有限。因此，我會建議直接尋求心理治療或諮商的協助。

心理治療或諮商的專業機構是個很好的長期協助窗口，比如諮商所或心靈診所等。但光是建議與提供資料，對方是不會去的，試想：這樣要叫自戀型人格者的自尊心往哪裡放呢？我建議可以由家屬陪同前往，以降低患者的焦慮；但不必待在會談室裡面，等會談結束再過來即可。

後記

B型人格的生命課題

「醫生，好久不見，還認得我嗎？」會談室中，一名女子對我打招呼。

「一開始的時候，我們聊過：人生勝利組，卻總是為情所苦，對『得而復失』過度恐懼——好快，去年的事，到現在都快一年了。」

「醫生記性真好。」

這名女子告訴了我另一段故事：那次會談結束後，當天晚上她便搭車回老家。她們家是當地的政治世家，父親多年擔任縣議員，就她一個寶貝女兒，年紀大了，一直想把政治資源傳承給她，她激烈抗拒到現在。

「從國小開始，每隔幾年，全家就要總動員，然後提心吊膽等投票。票數不好看，大家難過，我反倒覺得安心——最怕票全開出來的那一刻。就算選上了，有什麼好恭喜的？過幾年還不是一樣要從頭再來？萬一落選，一下子從賓客盈門變成冷冷清清，看著我爸既落寞、又想故作輕鬆的樣子……我很難形容那種感覺。我只想逃，能逃多遠就多遠，我承受不了，太揪心。」

我靜靜地看著她。

「當你說到我人格中對於『得而復失』的恐懼時，我忽然想到坐在競選總部等開票的畫面。我萬萬沒想到，那麼遙遠，也那麼不相關的事情，竟然會有條看不見的線綁在一起，而這一切，全藏在我的人格中！」

「所以，妳決定回去面對。」

「其實也沒有，我只撐了一個禮拜。」女子笑了。「我爸看我主動回家，嚇呆了，以為發生了什麼大事。我請我爸帶我去拜訪長輩，看得出來他很高興，但還是有點緊張，拉著我媽，偷偷問我是不是被人……他老人家超豐富的想像力我沒臉說出來。不過，一個禮拜後，不爭氣的我又逃回來了，那種場面我實在無法忍受。」

「看來，故事又回到了原點？結果什麼也沒能改變？」

「不，這麼多年來，我被人格決定而不自知；現在開始，這是我的選擇了。」

認識人格，就是認識自己，讓人生之舵再次回到你手中。或許你未必能改變什麼，但你能決定自己要穿越的命運險阻。

B型人格是常見人格中，影響最深遠、處處可見、又普遍被忽視的一種，當事人往往處於矛盾、困惑、與其他人格格不入，讓別人又愛又恨的處境中，又不知道如何因應與面對。

由於B型人格是如此的千變萬化，反差極大，再加上衍生出來的四個子人格，差異性更是巨大，因此，要自我認識，實在是一件辛苦的事情，更是一生的功課。

希望本書能為有需要的人幫上一點忙。

Eurasian Publishing Group
圓神出版事業機構
用心與你對話．視野無限寬廣
究竟出版社
Athena Press

www.booklife.com.tw　　reader@mail.eurasian.com.tw

心理 049

原來這就是B型人格：

那些自戀、善變、邊緣、反社會的人在想什麼？

作　　者／陳俊欽
發 行 人／簡志忠
出 版 者／究竟出版社股份有限公司
地　　址／台北市南京東路四段50號6樓之1
電　　話／（02）2579-6600．2579-8800．2570-3939
傳　　真／（02）2579-0338．2577-3220．2570-3636
總 編 輯／陳秋月
副總編輯／賴良珠
專案企畫／賴真真
責任編輯／林雅萩
校　　對／陳俊欽．林雅萩．陳孟君
美術編輯／金益健
行銷企畫／陳禹伶．詹怡慧
印務統籌／劉鳳剛．高榮祥
監　　印／高榮祥
排　　版／莊寶鈴
經 銷 商／叩應股份有限公司
郵撥帳號／18707239
法律顧問／圓神出版事業機構法律顧問　蕭雄淋律師
印　　刷／祥峰印刷廠
2019年10月　初版
2024年4月　4刷

定價 300 元　　ISBN 978-986-137-282-2

假使病態人格者無法透過自身意識、努力，
後天改變自身的思路與行爲，
那麼這個社會該如何面對他們？
當社會上不願理性討論此議題，
而是機械式地用「這傢伙有危險的基因」等理由排除病態人格者，
這股歪風一起，就會讓社會本身也變得相當危險。

——中野信子，《病態人格》

國家圖書館出版品預行編目資料

原來這就是B型人格：那些自戀、善變、邊緣、反社會的人在想什麼？／
陳俊欽 著 -- 初版 -- 臺北市：究竟，2019.10
240 面；14.8×20.8公分 --（心理：49）

ISBN 978-986-137-282-2（平裝）
1. 人格心理學　2.人格特質
173.75　108013670